Curso

La diferencia entre aprobar
y sacar plaza

Enfermero/a

SERVICIO DE SALUD DE CASTILLA-LA MANCHA (SESCAM)

Si aún no dispones de tu **Curso MAD360**, te ofrecemos un acceso GRATIS de 30 días para que disfrutes de los siguientes recursos:

- Técnicas de Memoria 360.
- MADTEST: Test *online* Nivel PRO.
- Temario en formato digital.
- Planificación de estudio.
- Foro entre opositores hasta la fecha del examen.*
- Recursos y novedades exclusivas.
- Consúltanos sobre tu oposición y proceso selectivo.
- Actualizaciones legislativas (Boletines Oficiales) hasta 60 días antes de la fecha del examen.*

AF212319

Para acceder a esta prueba del Curso MAD360** será necesaria la compra de todos los libros para esta especialidad de la edición 2025.

Regístrate en **mad.es/iniciar-sesion** y en la pestaña BIBLIOTECA valida los códigos que encuentras en la última página de tus libros.

NOTA IMPORTANTE:

* Examen de esta categoría profesional correspondiente a la convocatoria siguiente a la publicación de este libro, o hasta el 30 de junio de 2026, lo que se cumpla antes, y previa renovación del servicio.

** El acceso al CURSO MAD360 estará disponible desde junio de 2025 (algunos recursos podrían estar disponibles en fecha posterior). Tendrá una duración de 30 días RENOVABLES mediante pago, desde la validación de códigos, o hasta el 31 de diciembre de 2026, lo que se cumpla antes.

MAD se reserva el derecho a ampliar dichas fechas.

Enfermero/a del Servicio de Salud de Castilla-La Mancha (SESCAM)

Junio, 2025

Enfermero/a del Servicio de Salud de Castilla-La Mancha (SESCAM)

Test del temario

Autores

M.ª JOSÉ GARCÍA BERMEJO
Licenciada en Biología

LUIS SILVA GARCÍA
Diplomado Universitario en Enfermería

M.ª DEL CARMEN SILVA GARCÍA
Diplomada Universitaria en Enfermería

MARÍA SANTAMARTA MARTÍNEZ
Enfermera Especialista Obstétrico-Ginecológica

LIDIA MARINA PONCE MARTÍNEZ
Licenciada en Psicología

HERMINIA ANDRADES ROMERO
Diplomada en Fisioterapia

JUAN MANUEL GIL RAMOS
Licenciado en Medicina

FRANCISCO JESÚS TORRES FONSECA
Licenciado en Derecho

JOSÉ LUIS GARRIDO VELA
Licenciado en Derecho

JUAN CARLOS USERO LÓPEZ
Licenciado en Derecho

DOMINGO GÓMEZ MARTÍNEZ
Licenciado en Derecho

ENCARNA ROJO FRANCO
Redactora Senior

MOISÉS CAYETANO RODRÍGUEZ
Licenciado en Historia

© 7 Editores Recursos para la Cualificación Profesional y el Empleo, S.L. (7 Editores)
© Los autores
Primera edición, junio 2025 (346 páginas)
Derechos de edición reservados a favor de 7 Editores
IMPRESO EN ESPAÑA
Diseño Portada: 7 Editores
Edita: 7 Editores
Avda. San Francisco Javier, 9 · Edificio Sevilla 2 · Planta 11 · Módulos 25-27 · 41018 Sevilla
Teléfono: 954 784 411 · WEB: www.mad.es · e-mail: administracion@7editores.com
ISBN: 978-84-142-9561-8
© "Editorial Mad" y "Eduforma" son nombres comerciales registrados de
7 Editores Recursos para la Cualificación Profesional y el Empleo, S.L.

Índice

TEST COMÚN

TEST N.º 1

**La Constitución Española: Derechos y deberes fundamentales.
La protección de la salud en la Constitución. El Estatuto de Autonomía de
Castilla-La Mancha: Instituciones de la Comunidad Autónoma de Castilla-La
Mancha; Competencias de la Junta de Comunidades de Castilla-La Mancha.
La igualdad efectiva entre hombres y mujeres. Políticas de igualdad.
Medidas de protección integral contra la violencia de género**

1. ¿En qué se fundamenta la Constitución Española?

a) En un Estado social y democrático de Derecho.
b) En la indisoluble unidad de la Nación española.
c) En la independencia de los poderes del Estado.
d) En la organización territorial del Estado.

2. Según el artículo 3 de la CE, el castellano es la lengua oficial del Estado y todos los españoles:

a) Tienen el deber de usar y el derecho de conocer el castellano.
b) Tienen el derecho y el deber de conocer el castellano.
c) Tienen el deber de conocer y el derecho de usar el castellano.
d) Tienen el derecho de conocer y usar el castellano.

3. La Constitución Española reconoce y garantiza el derecho a la autonomía:

a) De las nacionalidades que la integran.
b) De las regiones que la integran.
c) De las Comunidades Autónomas que la integran.
d) De las nacionalidades y regiones que la integran.

4. El Preámbulo de la Constitución:

a) Tiene en sí carácter de norma jurídica.
b) Es una declaración de intenciones, destinada a interpretar lo que se quiere alcanzar con el contenido normativo de la Constitución.
c) Se trata de un texto sin fuerza jurídica de obligar.
d) Las respuestas b) y c) son correctas.

5. Señala la afirmación correcta, respecto de la aprobación, ratificación y publicación de la Constitución Española:

a) Aprobada por las Cortes el 31 de octubre de 1978, ratificada por el pueblo en referéndum el 6 de diciembre de 1978 y publicada el 29 de diciembre de 1978.
b) Aprobada por las Cortes el 30 de octubre de 1978, ratificada por el pueblo en referéndum el 16 de diciembre de 1978 y publicada el 27 de diciembre de 1978.
c) Aprobada por las Cortes el 31 de octubre de 1978, ratificada por el pueblo en referéndum el 16 de diciembre de 1978 y publicada el 29 de diciembre de 1978.
d) Aprobada por las Cortes el 10 de octubre de 1978, ratificada por el pueblo en referéndum el 26 de diciembre de 1978 y publicada el 30 de diciembre de 1978.

6. ¿En qué parte de la Carta Magna se establece la exposición de motivos que impulsan la norma constitucional y los objetivos que con ella se pretenden alcanzar?

a) En el Título preliminar.
b) En el Preámbulo.
c) En el Título I.
d) En el Título II.

7. La Constitución Española fue sancionada por:

a) El Rey.
b) El Presidente del Congreso.
c) Las Cortes Generales.
d) El Presidente del Gobierno.

8. ¿Cuáles de los siguientes españoles de origen pueden ser privados de su nacionalidad?

a) Exclusivamente los miembros de grupos terroristas.
b) Los miembros de grupos terroristas y los que atenten contra el Rey u otro miembro de la Casa Real.
c) Los que atenten contra un miembro de la Familia Real o del Gobierno de la Nación.
d) Ningún español de origen podrá ser privado de su nacionalidad.

9. Según la CE son fundamentos del orden político y la paz social:

a) La dignidad de la persona, los derechos violables que les son inherentes y el respeto a la ley.
b) La dignidad de la persona, el desarrollo limitado de la personalidad y el respeto a la ley.
c) El respeto a la ley, a los reglamentos administrativos y demás disposiciones legales.
d) La dignidad de la persona, los derechos inviolables que le son inherentes, el libre desarrollo de su personalidad, el respeto a la ley y a los derechos de los demás.

10. ¿Cuál de los siguientes es considerado por la CE como uno de los valores superiores del ordenamiento jurídico?

a) La jerarquía normativa.
b) El pluralismo político.
c) La publicidad normativa.
d) La equidad.

11. La forma política del Estado español es:

a) Democracia parlamentaria.
b) Gobierno parlamentario.
c) Monarquía parlamentaria.
d) República democrática.

12. La parte de la CE que regula la estructura de los principales órganos del Estado recibe el nombre de:

a) Parte dogmática.
b) Parte orgánica.
c) Parte estatal.
d) Parte estructural.

13. Según la CE, la soberanía nacional:

a) Corresponde a las Cortes Generales, al estar compuestas por los representantes del pueblo.
b) Corresponde al Rey.
c) Reside en el pueblo español.
d) Corresponde al Gobierno de la Nación elegido directamente por el pueblo.

14. El derecho a la propiedad en nuestra Constitución es un Derecho:

a) Inherente a la condición humana.
b) Absoluto.
c) Limitado por la función social del mismo.
d) Ninguna de las respuestas anteriores es correcta.

15. ¿En qué parte de la Carta Magna se señalan los valores superiores del ordenamiento jurídico?

a) En el Preámbulo.
b) En el Título Preliminar.
c) En el Título I.
d) Ninguna respuesta es correcta.

16. ¿Cuál de las siguientes es una de las características de nuestra Constitución de 1978?

a) Consensuada.
b) Corta.

c) Conservadora.

d) Original

17. Son el fundamento del orden político y de la paz social:

a) El libre desarrollo de la personalidad.

b) Los derechos inviolables que les son inherentes.

c) El respeto a la ley y a los derechos de los demás.

d) Todas las respuestas son correctas.

18. ¿Qué quedará excluido de extradición?

a) Los delitos criminales.

b) Los delitos políticos.

c) Los actos de terrorismo.

d) Ninguno.

19. ¿Qué debe ser democrático, a tenor de lo dispuesto en la Constitución Española, en los sindicatos de trabajadores y las asociaciones empresariales?

a) Su funcionamiento.

b) Su estructura interna.

c) Su funcionamiento y estructura interna.

d) Sus órganos asamblearios.

20. ¿De cuántos Capítulos consta el Título I de la CE de 1978?

a) De tres.

b) De cinco.

c) De dos.

d) De cuatro.

En MADTEST tienes **más preguntas de este tema**, y todos tus avances quedan registrados y se reflejan en el ranking.

¡Supera tus límites con MADTEST!

Solución al test n.º 1

1. b) En la indisoluble unidad de la Nación española.

2. c) Tienen el deber de conocer y el derecho de usar el castellano.

3. d) De las nacionalidades y regiones que la integran.

4. d) Las respuestas b) y c) son correctas.

5. a) Aprobada por las Cortes el 31 de octubre de 1978, ratificada por el pueblo en referéndum el 6 de diciembre de 1978 y publicada el 29 de diciembre de 1978.

6. b) En el Preámbulo.

7. a) El Rey.

8. d) Ningún español de origen podrá ser privado de su nacionalidad.

9. d) La dignidad de la persona, los derechos inviolables que le son inherentes, el libre desarrollo de su personalidad, el respeto a la ley y a los derechos de los demás.

10. b) El pluralismo político.

11. c) Monarquía parlamentaria.

12. b) Parte orgánica.

13. c) Reside en el pueblo español.

14. c) Limitado por la función social del mismo.

15. b) En el Título Preliminar.

16. a) Consensuada.

17. d) Todas las respuestas son correctas.

18. b) Los delitos políticos.

19. c) Su funcionamiento y estructura interna.

20. b) De cinco.

TEST N.º 2

Ley General de Sanidad: Organización general del Sistema Sanitario Público; Los Servicios de Salud de las Comunidades Autónomas y Las Áreas de Salud. Ley de Ordenación Sanitaria de Castilla-La Mancha: Disposiciones generales; Plan de Salud de Castilla-La Mancha, Competencias de las Administraciones Públicas: El Servicio de Salud de Castilla-La Mancha: funciones, organización y estructura

1. Señala cuál de las siguientes es una de las funciones del Consejo de Gobierno de la Junta de Comunidades de Castilla-La Mancha:

a) Controlar e inspeccionar las actividades del Sistema Sanitario de Castilla-La Mancha y su adecuación al Plan de Salud.

b) Aprobar el reglamento de estructura y funcionamiento del Servicio de Salud de Castilla-La Mancha en los términos marcados en la Ley de Ordenación Sanitaria.

c) Autorizar, catalogar y, en su caso, acreditar los centros, servicios y actividades sanitarias, así como el mantener los registros pertinentes.

d) Aprobar la delimitación, dentro de las Áreas de Salud, de las Zonas Básicas de Salud y de cualquier otra ordenación.

2. ¿Cuál es la definición de Sistema Nacional de Salud que establece la Ley General de Sanidad (Ley 14/1986, de 25 de abril)?

a) Es el conjunto de los Servicios de Salud de las Comunidades Autónomas, coordinados en el Consejo Interterritorial del Sistema Nacional de Salud.

b) Es el conjunto de los Servicios de Salud dependientes del Instituto Nacional de la Salud y de los Servicios de Salud de las Comunidades Autónomas en los términos establecidos en la Ley General de Sanidad.

c) Es el conjunto de los Servicios de Salud de la Administración del Estado y de los Servicios de Salud de las Comunidades Autónomas en los términos establecidos en la Ley General de Sanidad.

d) Es el conjunto de los servicios de Salud de las Comunidades Autónomas y de las Corporaciones Locales en los términos establecidos en la Ley General de Sanidad.

3. El objeto de la Ley General de Sanidad es:

a) La reforma del sistema sanitario privado.

b) Las necesidades de mejora en los servicios prestados a los ciudadanos extranjeros.

c) La distribución de competencias entre el Estado y las Comunidades Autónomas y las Corporaciones Locales.

d) Hacer efectivo el derecho a la protección de la salud.

4. Según dispone la Ley 14/1986, de 25 de abril, General de Sanidad, son titulares del derecho a la protección de la salud y a la atención sanitaria:

a) Únicamente los ciudadanos manchegos.

b) Todos los españoles.

c) Cualquier ciudadano.

d) Todos los españoles y los ciudadanos extranjeros que tengan establecida su residencia en España.

5. Los medios y actuaciones del sistema sanitario estarán orientados prioritariamente a:

a) La curación y la rehabilitación.

b) La promoción de la salud.

c) Atender los grupos de riesgos desde el punto de vista sanitario.

d) La promoción de la salud y la prevención de las enfermedades.

6. ¿Cómo se denominan –según lo dispuesto en la Ley General de Sanidad– las estructuras fundamentales del sistema sanitario en las Comunidades Autónomas, responsables de la gestión unitaria de los Centros y establecimientos de los Servicios de Salud de las Comunidades Autónomas?

a) Centros hospitalarios.

b) Áreas de Salud.

c) Delegaciones Provinciales de Salud.

d) Centros de Salud.

7. ¿En qué artículo de la Constitución de 1978 se reconoce el derecho a la protección de la salud de todos los ciudadanos?

a) En el artículo 23.

b) En el artículo 32.

c) En el artículo 34.

d) En el artículo 43.

8. Las Áreas de salud se distribuyen, de forma desconcentrada, en demarcaciones territoriales delimitadas, teniendo en cuenta factores de diversa índole, pero sobre todo, respondiendo a unas ideas principales, entre las que no figura:

a) Proximidad de los servicios a los usuarios.
b) Gestión descentralizada.
c) Gestión participativa.
d) Recursos económicos de la comunidad.

9. ¿A quién corresponde elaborar el reglamento de composición y funcionamiento del Servicio de Salud de Castilla-La Mancha?

a) A la Consejería competente en materia de sanidad.
b) Al Consejo de Gobierno de la Junta de Comunidades de Castilla-La Mancha.
c) Al Ministerio competente en materia sanitaria.
d) Al Consejo Económico y Social.

10. La ordenación territorial de los Servicios de Salud será competencia:

a) Del Estado.
b) De las Comunidades Autónomas.
c) De los Ayuntamientos.
d) De las Diputaciones Provinciales.

11. Señala la respuesta incorrecta respecto al Consejo de Dirección del Área de Salud:

a) El Consejo de Dirección estará formado por la representación de la Comunidad Autónoma, que supondrá el 50 por 100 de los miembros de aquel, y los representantes de las Corporaciones Locales, elegidos por quienes ostenten tal condición en el Consejo de Salud.
b) Al Consejo de Dirección del Área de Salud corresponde formular las directrices en política de salud y controlar la gestión del Área, dentro de las normas y programas generales establecidos por la Administración autonómica.
c) Al Consejo de Dirección le corresponde el establecimiento de los criterios generales de coordinación en el Área de Salud.
d) Una de las funciones del Consejo de Dirección del Área es la aprobación del proyecto del Plan de Salud del Área, dentro de las normas, directrices y programas generales establecidos por la Comunidad Autónoma.

12. ¿Qué título de la Ley 14/1986, de 25 de abril, General de Sanidad, regula la estructura del sistema sanitario público?

a) El Título II.
b) El Título III.

c) El Título V.
d) El Título VI.

13. Señala cuál de los siguientes no es uno de los factores a tener en cuenta a la hora de delimitar las áreas de salud:

a) Factores socioeconómicos.
b) Factores religiosos.
c) Factores culturales.
d) Factores climatológicos.

14. Como regla general, y sin perjuicio de las excepciones a que hubiera lugar, el Área de Salud extenderá su acción a una población:

a) No inferior a 50.000 habitantes ni superior a 150.000.
b) No inferior a 100.000 habitantes ni superior a 250.000.
c) No inferior a 200.000 habitantes ni superior a 250.000.
d) No inferior a 200.000 habitantes ni superior a 350.000.

15. Señala la respuesta incorrecta respecto a las Áreas de Salud:

a) Cada Área de Salud estará vinculada o dispondrá, al menos, de un hospital general, con los servicios que aconseje la población a asistir, la estructura de esta y los problemas de salud.
b) El hospital es el establecimiento encargado tanto del internamiento clínico como de la asistencia especializada y complementaria que requiera su zona de influencia.
c) Las Áreas de Salud se delimitarán teniendo en cuenta factores geográficos, socioeconómicos, demográficos, laborales, epidemiológicos, culturales, climatológicos y de dotación de vías y medios de comunicación, así como las instalaciones sanitarias del Área.
d) En todo caso, cada provincia tendrá, como mínimo, dos Áreas de Salud.

16. A tenor del artículo 57 de la Ley 14/1986, el órgano de participación de las Áreas de Salud es:

a) El Consejo de Salud de Área.
b) El Consejo de Dirección de Área.
c) El Gerente de Área.
d) El Comité de Participación del Área.

17. Los Consejos de Salud de Área están constituidos por:

a) Las organizaciones sindicales más representativas, en una proporción no inferior al 50 por 100, a través de los profesionales sanitarios titulados.
b) La Administración Sanitaria del Área de Salud.

c) La representación de los ciudadanos a través de las Corporaciones Locales comprendidas en su demarcación, que supondrá el 25 por 100 de sus miembros.

d) Todas las respuestas son correctas.

18. Una de las funciones del Consejo de Salud de Área es:

a) Proponer medidas a desarrollar en el Área de Salud para estudiar los problemas sanitarios específicos de la misma, así como sus prioridades.

b) La aprobación de las prioridades específicas del Área de Salud.

c) La propuesta de nombramiento y cese del gerente del Área de Salud.

d) La aprobación de la Memoria anual del Área de salud.

19. Señala la respuesta incorrecta respecto al Gerente del Área de Salud:

a) Es el encargado de la ejecución de las directrices establecidas por el Consejo de Dirección, de las propias del Plan de Salud del Área y de las normas correspondientes a la Administración autonómica y del Estado.

b) Es el órgano de gestión del Área.

c) Puede, previa convocatoria, asistir con voz y voto, a las reuniones del Consejo de Dirección.

d) Es nombrado y cesado por la Dirección del Servicio de Salud de la Comunidad Autónoma, a propuesta del Consejo de Dirección del Área.

20. ¿A quién corresponde la elaboración del Plan de Salud de Castilla-La Mancha?

a) A la Consejería competente en materia de sanidad.

b) Al Consejo de Gobierno de Castilla-La Mancha.

c) Al Ministerio competente en materia sanitaria.

d) Al Consejo Económico y Social.

En MADTEST tienes **más preguntas de este tema**, y todos tus avances quedan registrados y se reflejan en el ranking.

¡Supera tus límites con MADTEST!

Solución al test n.º 2

1. b) Aprobar el reglamento de estructura y funcionamiento del Servicio de Salud de Castilla-La Mancha en los términos marcados en la Ley de Ordenación Sanitaria.

2. c) Es el conjunto de los Servicios de Salud de la Administración del Estado y de los Servicios de Salud de las Comunidades Autónomas en los términos establecidos en la Ley General de Sanidad.

3. d) Hacer efectivo el derecho a la protección de la salud.

4. d) Todos los españoles y los ciudadanos extranjeros que tengan establecida su residencia en España.

5. d) La promoción de salud y prevención de las enfermedades.

6. b) Áreas de Salud.

7. d) En el artículo 43.

8. d) Recursos económicos de la comunidad.

9. a) A la Consejería competente en materia de sanidad.

10. b) De las Comunidades Autónomas.

11. a) El Consejo de Dirección estará formado por la representación de la Comunidad Autónoma, que supondrá el 50 por 100 de los miembros de aquel, y los representantes de las Corporaciones Locales, elegidos por quienes ostenten tal condición en el Consejo de Salud.

12. b) El Título III.

13. b) Factores religiosos.

14. c) No inferior a 200.000 habitantes ni superior a 250.000.

15. d) En todo caso, cada provincia tendrá, como mínimo, dos Áreas de Salud.

16. a) El Consejo de Salud de Área.

17. b) La Administración Sanitaria del Área de Salud.

18. a) Proponer medidas a desarrollar en el Área de Salud para estudiar los problemas sanitarios específicos de la misma, así como sus prioridades.

19. c) Puede, previa convocatoria, asistir con voz y voto, a las reuniones del Consejo de Dirección.

20. a) A la Consejería competente en materia de sanidad.

Ley de Cohesión y Calidad del Sistema Nacional de Salud: Ordenación de prestaciones; Garantías de las prestaciones; Consejo Interterritorial. Ley de garantía de la atención sanitaria y del ejercicio de la libre elección en las prestaciones del Servicio de Salud de Castilla-La Mancha

1. ¿Quién realiza las acciones de coordinación y cooperación de las Administraciones Públicas sanitarias?

a) El Consejo Interterritorial.
b) La Alta Inspección.
c) Son correctas las opciones a y b.
d) Ninguna es correcta.

2. Las acciones de coordinación y cooperación de las Administraciones Públicas sanitarias, no comprenderán:

a) Las prestaciones sanitarias.
b) La farmacia.
c) Los profesionales.
d) La salud privada.

3. La cohesión y calidad del Sistema Nacional de Salud, se aprobó por ley, en el año:

a) 2002.
b) 2003.
c) 2004.
d) 2005.

4. ¿De cuántos Capítulos consta la Ley de Cohesión y Calidad del Sistema Nacional de Salud?

a) Once.
b) Diez.

c) Nueve.

d) Ocho.

5. ¿Al amparo de qué artículo de la Constitución se dicta la Ley de Cohesión y Calidad del Sistema Nacional de Salud?

a) 143.

b) 141.

c) 149.

d) Ninguna es correcta.

6. Según el art. 61 de la Ley 16/2003, el/la ... dará cuenta al/a la ... del cumplimiento de los Planes de Calidad del Sistema Nacional de Salud. Señale la opción que completa correctamente esta frase (respetando las denominaciones actualizadas, en su caso):

a) Dirección del Sistema Nacional de Salud / Gobierno.

b) Ministro de Sanidad, Política Social e Igualdad / Cortes Generales.

c) Ministro de Sanidad y Consumo / Senado.

d) Gobierno / Congreso de los Diputados.

7. Entre las funciones de la Agencia de Calidad del Sistema Nacional de Salud no se encuentra:

a) Elaborar o adoptar los elementos de la infraestructura, con el debido asesoramiento.

b) Dar cuenta al Gobierno del cumplimiento de los Planes de Calidad del Sistema Nacional de Salud.

c) Promover convenios con instituciones científicas.

d) Difundir los elementos de la infraestructura para su conocimiento y utilización por parte de las Comunidades Autónomas y los centros y servicios del Sistema Nacional de Salud.

8. La infraestructura para la calidad del Sistema Nacional de Salud no estará constituida por:

a) Normas de Calidad y Seguridad.

b) Guías de práctica clínica y asistencial.

c) Registro de acontecimientos adversos.

d) Informes sobre el cumplimiento de los Planes de Calidad del Sistema Nacional de Salud.

9. Respecto a las personas extranjeras, ¿cuándo será preceptiva la emisión de un informe previo favorable de los servicios sociales competentes de las comunidades autónomas?

a) En todos los casos.

b) Cuando se encuentren en situación de estancia temporal de acuerdo con lo previsto en la Ley Orgánica 4/2000, de 11 de enero, sobre Derechos y Libertades de los Extranjeros en España y su Integración Social.

c) Cuando se encuentren en situación de residencia de acuerdo con lo previsto en la Ley Orgánica 4/2000, de 11 de enero, sobre Derechos y Libertades de los Extranjeros en España y su Integración Social.

d) Cuando se encuentren en situación de estancia o residencia de acuerdo con lo previsto en la Ley Orgánica 4/2000, de 11 de enero, sobre Derechos y Libertades de los Extranjeros en España y su Integración Social.

10. Una Tarjeta Sanitaria Individual normalizada deberá incluir en todo caso (señalar la respuesta incorrecta):

a) Los datos básicos de identificación de su titular.

b) Los datos del servicio de salud o entidad responsable de la asistencia sanitaria.

c) El derecho que asista al titular en relación con la prestación farmacéutica.

d) El derecho que asista al titular en relación con la prestación ortoprotésica.

11. La información necesaria para la elaboración de estadísticas en el ámbito sanitario, según la Ley de Cohesión y Calidad, se recabará tanto del sector público como del sector privado. Esta afirmación es:

a) Incorrecta, solo se recaba del sector público.

b) Incompleta, se recaba del sector público y del sector privado, pero solo en cuanto a servicios concertados con el sector público.

c) Imprecisa, se recabará del sector público, y el sector privado podrá aportar datos por propia iniciativa en casos muy concretos.

d) Correcta.

12. Señale la opción incorrecta respecto a la garantía del tiempo en las prestaciones sanitarias:

a) Los criterios marco para garantizar un tiempo máximo de acceso a las prestaciones del Sistema Nacional de Salud se acordarán en el seno del Consejo Interterritorial.

b) Los criterios marco para garantizar un tiempo máximo de acceso a las prestaciones del Sistema Nacional de Salud se aprobarán mediante Ley.

c) Las Comunidades Autónomas definirán los tiempos máximos de acceso a su cartera de servicios en relación a estos criterios marco.

d) De la garantía del tiempo quedan excluidas las intervenciones quirúrgicas de trasplantes de órganos y tejidos.

13. La prestación de salud pública comprende las siguientes actuaciones, según el art. 11.2 de la Ley 16/2003:

a) La evaluación de impacto en salud.

b) La protección de la salud, evitando los efectos negativos que diversos elementos del medio pueden tener sobre la salud y el bienestar de las personas.

c) La prevención y detección precoz de las enfermedades raras, así como el apoyo a las personas que las presentan y a sus familias.

d) Todas son correctas.

14. ¿Qué órgano es el encargado de promover convenios con instituciones científicas para elaborar o gestionar los elementos de la infraestructura?

a) La Agencia de Calidad del Sistema Nacional de Salud.

b) El Consejo Interterritorial del Sistema Nacional de Salud.

c) La Comisión Delegada del Consejo Interterritorial del Sistema Nacional de Salud.

d) El Observatorio del Sistema Nacional de Salud.

15. La infraestructura para la mejora de la calidad en el sistema sanitario estará constituida por los elementos siguientes (señale la respuesta incorrecta):

a) Normas de calidad y seguridad.

b) Registro de buenas prácticas.

c) Registro de acontecimientos adversos.

d) Todas son correctas.

16. Respecto a la información generada, el Instituto de Información Sanitaria se encargará de recabar, elaborar y distribuir la información que responda a las necesidades del Sistema Nacional de Salud, ¿con qué dos criterios?

a) Eficacia y coordinación.

b) Transparencia y objetividad.

c) Igualdad y objetividad.

d) Ninguna es correcta.

17. La creación del Instituto de Información Sanitaria se llevará a cabo mediante:

a) Ley.

b) Decreto.

c) Real Decreto.

d) Orden.

18. ¿Qué regula el Capítulo XI de la Ley 16/2003?

a) La Participación Social.

b) El Consejo Interterritorial.

c) La Alta Inspección.

d) La Calidad.

19. Señale cuál de los siguientes principios (reproducidos literalmente) no informa la Ley 16/2003:

a) La colaboración entre los servicios sanitarios públicos y privados en la prestación de servicios a los usuarios del Sistema Nacional de Salud.

b) La prestación de una atención integral a la salud, comprensiva tanto de su promoción como de la prevención de enfermedades, de la asistencia y de la rehabilitación, procurando un alto nivel de calidad, en los términos previstos en esta Ley y en la Ley General de Salud Pública.

c) La igualdad de oportunidades y la libre circulación de los profesionales en el conjunto del Sistema Nacional de Salud, en los términos previstos en esta Ley y en la Ley General de Salud Pública.

d) La coordinación y la cooperación de las Administraciones públicas sanitarias para la superación de las desigualdades en salud, en los términos previstos en esta Ley y en la Ley General de Salud Pública.

20. El artículo 43.1 de la Constitución Española dispone:

a) «Compete a los poderes públicos organizar y tutelar la salud pública a través de medidas preventivas y de las prestaciones y servicios necesarios».

b) «Se reconoce el derecho a la protección de la salud».

c) «Los poderes públicos fomentarán la educación sanitaria, la educación física y el deporte.»

d) Todas las respuestas anteriores son correctas.

En MADTEST tienes **más preguntas de este tema**, y todos tus avances quedan registrados y se reflejan en el ranking.

¡Supera tus límites con MADTEST!

Solución al test n.º 3

1. c) Son correctas las opciones a y b.

2. d) La salud privada.

3. b) 2003.

4. a) Once.

5. c) 149.

6. c) Ministro de Sanidad, Política Social e Igualdad / Senado.

7. b) Dar cuenta al Gobierno del cumplimiento de los Planes de Calidad del Sistema Nacional de Salud.

8. d) Informes sobre el cumplimiento de los Planes de Calidad del Sistema Nacional de Salud.

9. b) Cuando se encuentren en situación de estancia temporal de acuerdo con lo previsto en la Ley Orgánica 4/2000, de 11 de enero, sobre Derechos y Libertades de los Extranjeros en España y su Integración Social.

10. d) El derecho que asista al titular en relación con la prestación ortoprotésica.

11. d) Correcta.

12. b) Los criterios marco para garantizar un tiempo máximo de acceso a las prestaciones del Sistema Nacional de Salud se aprobarán mediante Ley.

13. d) Todas son correctas.

14. a) La Agencia de Calidad del Sistema Nacional de Salud.

15. d) Todas son correctas.

16. b) Transparencia y objetividad.

17. c) Real Decreto.

18. c) La Alta Inspección.

19. c) La igualdad de oportunidades y la libre circulación de los profesionales en el conjunto del Sistema Nacional de Salud, en los términos previstos en esta Ley y en la Ley General de Salud Pública.

20. b) «Se reconoce el derecho a la protección de la salud».

TEST N.º 4

Estatuto Marco del Personal Estatutario de los Servicios de Salud. La Ley de Prevención de Riesgos Laborales: Derechos y obligaciones; Consulta y participación de los trabajadores. Plan Perseo: procedimiento de actuación ante una situación de violencia en el centro de trabajo. Resolución de 27/03/2024, de la Dirección-Gerencia, del procedimiento para la certificación negativa del Registro Central de Delincuentes Sexuales y de Trata de Seres Humanos del personal de las instituciones sanitarias del Servicio de Salud de Castilla-La Mancha

1. Según establece el art. 8 de la Ley 55/2003, de 16 de diciembre, del Estatuto Marco de los Servicios de Salud, es personal estatutario fijo:

a) El que, una vez superado el correspondiente proceso selectivo, obtiene un nombramiento para el desempeño, con carácter permanente, de las funciones que de tal nombramiento se deriven.

b) Todo el personal al servicio de los Servicios de Salud.

c) El personal que realice una prestación de servicios determinados de naturaleza temporal, coyuntural o extraordinaria.

d) El personal en posesión de un contrato laboral indefinido.

2. Conforme al artículo 9.1 del Estatuto Marco (*en redacción dada por el Real Decreto-ley 12/2022, de 5 de julio, por el que se modifica la Ley 55/2003, de 16 de diciembre, del Estatuto Marco del personal estatutario de los servicios de salud*) los nombramientos del Personal Estatutario Temporal de los Servicios de Salud serán:

a) Únicamente de Personal Estatutario Sanitario.

b) Personal Estatutario Contratado.

c) De interinidad.

d) Como Personal Laboral.

3. En el supuesto de existencia de plaza vacante, son estatutarios interinos los que, por razones expresamente justificadas de necesidad y urgencia, son nombrados como tales con carácter temporal para el desempeño de funciones propias de estatutarios, cuando no sea posible su cobertura por personal estatutario fijo, durante un plazo máximo de:

a) Dos años.
b) Tres años.
c) Cuatros años.
d) Seis años.

4. Podrá concurrir a las pruebas selectivas, por el sistema de promoción interna, el personal estatutario fijo que se encuentre en servicio activo y con nombramiento como personal estatutario fijo, en la categoría de procedencia, durante al menos:

a) 2 años.
b) 3 años.
c) 4 años.
d) 5 años.

5. Quienes no acrediten, una vez superado el proceso selectivo, que reúnen los requisitos y condiciones exigidos en la convocatoria:

a) No podrán ser nombrados hasta que subsanen el defecto.
b) No podrán ser nombrados, y quedarán sin efecto sus actuaciones.
c) Podrán ser nombrados de forma condicional.
d) Una vez superado el proceso selectivo, se entiende que reúne los requisitos exigidos, salvo prueba en contrario.

6. Según el Estatuto Marco, la selección de personal estatutario fijo se efectuará con carácter general a través del sistema de:

a) Oposición.
b) Concurso-oposición.
c) Concurso.
d) Pruebas selectivas.

7. El personal estatutario de los servicios de salud tiene el deber de:

a) Participar en la elaboración de los convenios colectivos.
b) Realizar sus funciones fuera del horario y jornada habitual.
c) Realizar actividades sindicales.
d) Respetar la Constitución, el Estatuto de Autonomía correspondiente y el resto del ordenamiento jurídico.

8. Según el Estatuto Marco, siempre que la duración de la jornada exceda de seis horas continuadas, deberá establecerse un periodo de descanso durante la misma de al menos:

a) 10 minutos.
b) 15 minutos.
c) 20 minutos.
d) 30 minutos.

9. El funcionario sancionado con la separación del servicio no podrá concurrir a las pruebas de selección para la obtención de la condición de personal estatutario fijo, ni prestar servicios como personal estatutario temporal, durante:

a) Los 6 años siguientes.
b) Los 5 años siguientes.
c) Los 10 años siguientes.
d) La separación del servicio es definitiva.

10. Las sanciones disciplinarias firmes que se impongan al personal estatutario se anotarán en su expediente personal. Las anotaciones por sanciones impuestas por faltas leves se cancelarán de oficio, desde el cumplimiento de la sanción, a:

a) Los 3 meses.
b) Los 6 meses.
c) El año.
d) Los 2 años.

11. Es una retribución básica del personal estatutario:

a) El complemento de destino.
b) El complemento de carrera.
c) Las pagas extraordinarias.
d) El complemento de productividad.

12. La especial dificultad técnica, dedicación, responsabilidad, incompatibilidad, peligrosidad o penosidad de algunos puestos de trabajo del Personal Estatutario, se retribuye a través del:

a) Complemento de destino.
b) Complemento de atención continuada.
c) Complemento específico.
d) Complemento de productividad.

13. Según el art. 72.2 del Estatuto Marco, tendrá la consideración de falta muy grave:

a) Intervenir en un procedimiento administrativo cuando se dé alguna de las causas de abstención legalmente señaladas.

b) Toda actuación que suponga discriminación por razones ideológicas, morales, políticas, sindicales, de raza, lengua, género, religión o circunstancias económicas, personales o sociales, tanto del personal como de los usuarios.

c) El incumplimiento injustificado de la jornada de trabajo que acumulado suponga más de 20 horas al mes.

d) La incorrección con los superiores, compañeros, subordinados o usuarios.

14. Para poder obtener la excedencia voluntaria por interés particular es necesario haber prestado servicios efectivos en cualquiera de las Administraciones Públicas durante:

a) Los cinco años inmediatamente anteriores.

b) Los cuatro años inmediatamente anteriores.

c) El año inmediatamente anterior.

d) No se exige periodo mínimo de prestación efectiva de servicios.

15. En el régimen disciplinario del Estatuto Marco se reconoce a los interesados el derecho a:

a) Proponer el nombramiento del instructor.

b) Solicitar la excedencia voluntaria durante la tramitación del expediente.

c) Formular Pliegos de cargos.

d) Formular alegaciones en cualquier fase del procedimiento.

16. Las Comunidades Autónomas, en el ámbito de sus competencias, determinarán la limitación máxima de la jornada a tiempo parcial respecto a la jornada completa, con el límite máximo del:

a) El 80 % de la jornada ordinaria, en cómputo anual, o del que proporcionalmente corresponda si se trata de nombramiento temporal de menor duración.

b) El 75 % de la jornada ordinaria, en cómputo anual, o del que proporcionalmente corresponda si se trata de nombramiento temporal de menor duración.

c) El 70 % de la jornada ordinaria, en cómputo anual, o del que proporcionalmente corresponda si se trata de nombramiento temporal de menor duración.

d) El 50 % de la jornada ordinaria, en cómputo anual, o del que proporcionalmente corresponda si se trata de nombramiento temporal de menor duración.

17. El Estatuto Marco del personal estatutario considera a este personal como titular de una relación:

a) Funcionarial común.

b) Laboral común.

c) Estatutaria de la Seguridad Social.
d) Funcionarial especial.

18. Cuando de un procedimiento de movilidad se derive cambio del servicio de salud de destino, el Estatuto Marco establece un plazo posesorio de:

a) Un mes.
b) Treinta días.
c) Quince días.
d) Diez días.

19. Según el Estatuto Marco del personal estatutario, la situación de excedencia voluntaria por interés particular obliga a un periodo mínimo de permanencia en ella de:

a) Un año.
b) Dos años.
c) Doce meses.
d) No establece periodo mínimo.

20. De acuerdo con el régimen disciplinario del personal estatutario, se considera muy grave:

a) El abandono del servicio.
b) El abuso de autoridad en el ejercicio de sus funciones.
c) Falta de obediencia debida a los superiores.
d) La incorrección con los superiores, compañeros, subordinados o usuarios.

En MADTEST tienes **más preguntas de este tema**, y todos tus avances quedan registrados y se reflejan en el ranking.

¡Supera tus límites con MADTEST!

Solución al test n.º 4

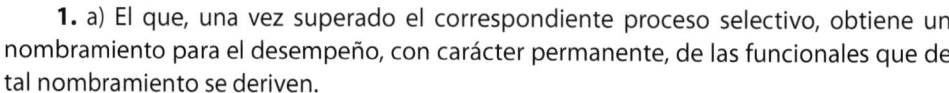

1. a) El que, una vez superado el correspondiente proceso selectivo, obtiene un nombramiento para el desempeño, con carácter permanente, de las funcionales que de tal nombramiento se deriven.

2. c) De interinidad.

3. b) Tres años

4. a) 2 años.

5. b) No podrán ser nombrados, y quedarán sin efecto sus actuaciones.

6. b) Concurso-oposición.

7. d) Respetar la Constitución, el Estatuto de Autonomía correspondiente y el resto del ordenamiento jurídico.

8. b) 15 minutos.

9. a) Los 6 años siguientes.

10. b) Los 6 meses.

11. c) Las pagas extraordinarias.

12. c) Complemento específico.

13. b) Toda actuación que suponga discriminación por razones ideológicas, morales, políticas, sindicales, de raza, lengua, género, religión o circunstancias económicas, personales o sociales, tanto del personal como de los usuarios.

14. a) Los cinco años inmediatamente anteriores.

15. d) Formular alegaciones en cualquier fase del procedimiento.

16. b) El 75 % de la jornada ordinaria, en cómputo anual, o del que proporcionalmente corresponda si se trata de nombramiento temporal de menor duración.

17. d) Funcionarial especial.

18. a) Un mes.

19. b) Dos años.

20. a) El abandono del servicio.

TEST N.º 5

Ley sobre derechos y deberes en materia de salud de Castilla-La Mancha. Documentación sanitaria en Castilla-La Mancha: usos de la historia clínica (Decreto 24/2001, de 12/04/2011, de la documentación sanitaria en Castilla-La Mancha)

1. La Ley 5/2010, de 24 de junio, sobre derechos y deberes en materia de salud de Castilla-La Mancha, tiene por objeto regular:

a) En el marco de la legislación del Estado, los derechos y deberes en materia de salud, tanto de los pacientes y usuarios como de los profesionales en Castilla-La Mancha.

b) Los derechos y deberes en materia de salud, tanto de los pacientes y usuarios como de los profesionales en Castilla-La Mancha.

c) En el marco de la legislación básica del Estado, los derechos y deberes en materia de salud de los pacientes y usuarios en Castilla-La Mancha.

d) En el marco de la legislación básica del Estado, los derechos y deberes en materia de salud, tanto de los pacientes y usuarios como de los profesionales en Castilla-La Mancha.

2. Señala cuál de los siguientes no es un principio sobre el que se sustenten los derechos y deberes en la Ley 5/2010, de 24 de junio, sobre derechos y deberes en materia de salud de Castilla-La Mancha:

a) La promoción del interés de las personas por la salud, mediante una información adecuada y una mayor educación para la salud.

b) La corresponsabilidad y participación del paciente y usuario en el adecuado uso de las prestaciones y recursos y el respeto a los profesionales y a las normas de organización y funcionamiento de los centros, establecimientos y servicios sanitarios.

c) La equidad en el acceso al conjunto de los servicios y profesionales sanitarios disponibles, así como a recibir la asistencia sanitaria y los cuidados más adecuados a su estado de salud, sin que pueda producirse discriminación alguna de las personas con discapacidad.

d) El respeto a la objeción de conciencia de los profesionales sanitarios como manifestación del derecho a la autonomía de la voluntad.

3. El derecho a la asistencia sanitaria, la libre elección de profesional sanitario, la segunda opinión médica, el derecho sobre los tejidos o muestras biológicas, la garantía de tiempos máximos de respuesta, los relacionados con pacientes especialmente protegidos, la obtención de medicamentos y el derecho al acompañamiento, se califican en la Ley 5/2010, de 24 de junio, sobre derechos y deberes en materia de salud de Castilla-La Mancha, como:

a) Derechos relativos a la autonomía de la voluntad.

b) Derechos relativos a la documentación sanitaria.

c) Derechos relacionados con los servicios asistenciales.

d) Derechos relativos a la información sanitaria.

4. En relación con los derechos relativos a la intimidad y la confidencialidad, reconocidos en la Ley 5/2010, de 24 de junio, sobre derechos y deberes en materia de salud de Castilla-La Mancha, es correcto que:

a) Los centros, servicios y establecimientos sanitarios vigilarán que se guarde la confidencialidad de los datos referidos a la ideología, religión, creencias, origen racial, vida sexual, al hecho de haber sido objeto de malos tratos y, en general, cuantos datos o informaciones puedan tener especial relevancia para la salvaguarda de la intimidad personal y familiar.

b) Las personas que, en ejercicio de sus funciones, tengan acceso a los datos resultantes de la realización de los análisis genéticos podrán quedar sujetas al deber de secreto.

c) El derecho de confidencialidad no comprende la información referida al patrimonio genético.

d) Cuando la información obtenida, según criterio del médico responsable, sea necesaria para evitar un grave perjuicio para la salud del paciente y la de sus familiares, se informará al propio paciente y a un familiar próximo o, en su caso, a sus representantes, previa consulta del Comité de Ética Asistencial si lo hubiera.

5. En relación con la regulación del derecho a la información asistencial prevista en la Ley 5/2010, de 24 de junio, sobre derechos y deberes en materia de salud de Castilla-La Mancha, señala la respuesta incorrecta:

a) Deberá respetarse la voluntad del paciente de no ser informado. La renuncia al derecho a ser informado deberá formularse por cualquier medio que permita dejar constancia y se incorporará a la historia clínica.

b) El titular del derecho a la información asistencial es el paciente. Se informará a las personas vinculadas a él por razones familiares o de hecho en la medida en que este lo permita expresa o tácitamente.

c) Sin perjuicio del derecho del menor a recibir información sobre su salud en un lenguaje adecuado a su edad, madurez y estado psicológico, en el caso de menores de 16 años no emancipados se informará también a los padres o tutores.

d) Todas las respuestas anteriores son correctas.

6. La autonomía de la voluntad del paciente comprende:

a) La libertad para negarse a recibir un procedimiento diagnóstico, pronóstico o terapéutico.

b) La libertad para poder en todo momento revocar una anterior decisión sobre su propia salud.

c) La libertad para elegir de forma autónoma entre las distintas opciones que exponga el profesional sanitario responsable.

d) Todas las respuestas anteriores son correctas.

7. El consentimiento informado:

a) Se prestará por escrito, por regla general.

b) Será verbal en los procedimientos diagnósticos y terapéuticos invasores.

c) Se prestará por escrito en los procedimientos que impliquen riesgos o inconvenientes de notoria y previsible repercusión negativa sobre la salud del paciente.

d) Será verbal en determinados casos.

8. ¿Cuál de los siguientes datos no debe contener el documento de consentimiento informado?

a) Una declaración de quien presta el consentimiento en la que conste que ha comprendido adecuadamente la información, que conoce que el consentimiento puede ser revocado en cualquier momento, expresando la causa de la revocación y que ha recibido una copia del documento.

b) Riesgos poco frecuentes, cuando sean de especial gravedad y estén asociados al procedimiento por criterios científicos.

c) Alternativas razonables al procedimiento.

d) Firma del profesional sanitario responsable del procedimiento y de la persona que presta el consentimiento.

9. En relación con el ámbito de la Ley 5/2010, de 24 de junio, sobre derechos y deberes en materia de salud de Castilla-La Mancha, señala la respuesta incorrecta:

a) Incluye a todas las personas que residan en los municipios de la Comunidad Autónoma de Castilla-La Mancha.

b) Quienes no residan en ella gozarán de dichos derechos en la forma y condiciones previstas en la legislación estatal y en los Convenios nacionales e internacionales que les sean de aplicación.

c) Sin perjuicio de lo anterior, en Castilla-La Mancha se garantizará a todas las personas la atención en situación de urgencia y emergencia, con especial incidencia en menores, mujeres gestantes y personas que padezcan enfermedades crónicas.

d) Se incluyen a los profesionales de los centros, servicios y establecimientos sanitarios, siempre que sean públicos y se encuentren ubicados en el territorio de la comunidad autónoma.

10. Sin perjuicio del derecho del menor a recibir información sobre su salud en un lenguaje adecuado a su edad, madurez y estado psicológico, se informará también a los padres o tutores, en el caso de:

a) Menores de catorce años no emancipados.
b) Menores de quince años no emancipados.
c) Menores de dieciséis años no emancipados.
d) Menores de diecisiete años no emancipados.

11. El plazo mínimo de conservación de la historia clínica contado desde la fecha del alta del último proceso asistencial será:

a) 15 años.
b) 5 años.
c) 3 años.
d) Ilimitado.

12. ¿Cuál de los siguientes apartados del contenido de la historia clínica se exige cumplimentar cuando se trate de procesos de hospitalización?

a) Las ordenes médicas.
b) La anamnesis y la exploración física.
c) La evolución y planificación de cuidados de enfermería.
d) El gráfico de constantes.

13. Deberán quedar claramente identificados respecto de la información contenida en la historia clínica, con el fin de facilitar su disociación cuando esta sea precisa (señala la opción incorrecta):

a) Las anotaciones subjetivas de los profesionales que intervengan en el proceso asistencial.
b) Los datos que afecten a la intimidad de terceros.
c) Los datos de filiación y documentación relativa a la hoja clínico-estadística.
d) Aquella información que no haya sido facilitada al paciente debido a un estado acreditado de necesidad terapéutica.

14. El derecho del paciente de acceder a la información contenida en la historia clínica no incluye:

a) La información de la que el paciente hubiera sido privado debido a la existencia acreditada de un estado de necesidad terapéutica siempre que así conste en la historia clínica de forma expresa.
b) Los datos e información que afecten al derecho de terceras personas o que afecten a la confidencialidad de los datos que consten en la historia recogidos en interés terapéutico del paciente.

c) Las anotaciones subjetivas de los profesionales participantes en la elaboración de la historia clínica, respecto de los cuales estos podrán oponer su reserva al derecho de acceso.

d) Todas las respuestas anteriores son correctas.

15. No se considera una anotación subjetiva:

a) Comportamientos insólitos.

b) Valoraciones sobre hipótesis diagnósticas no demostradas.

c) Sospechas acerca de incumplimientos terapéuticos, tratamientos no declarados y hábitos no reconocidos.

d) Ninguna de las respuestas anteriores es correcta.

16. El ejercicio del derecho a la segunda opinión médica está desarrollado reglamentariamente a través del:

a) Decreto 180/2005, de 2 de noviembre.

b) Decreto 91/2018, de 4 de diciembre.

c) Orden de 21 de noviembre de 2008.

d) Decreto 24/2011, de 12 de abril.

17. ¿Quiénes deberán abstenerse de realizar en las historias clínicas anotaciones que carezcan de interés para el manejo de los problemas de salud?

a) Los centros sanitarios.

b) Los profesionales sanitarios.

c) Los pacientes.

d) Los servicios sanitarios.

18. ¿Cuál de los siguientes es un deber de los profesionales de los centros, servicios y establecimientos sanitarios?

a) Guardar secreto sobre toda la información y documentación clínica sobre los pacientes y usuarios derivada de su actuación profesional o a la que tengan acceso.

b) Renunciar a prestar atención sanitaria en situaciones de injurias, amenazas o agresión si no conlleva desatención.

c) La autonomía científica y técnica en el ejercicio de sus funciones, sin más limitaciones que las establecidas por la ley y por los principios y valores contenidos en el ordenamiento jurídico y deontológico.

d) Recibir apoyo profesional en situaciones problemáticas.

19. Es constitutiva de una infracción administrativa muy grave:

a) La utilización indebida, abusiva o irresponsable de los recursos y prestaciones sanitarias que no respondan a una necesidad objetiva.

b) La agresión física a profesionales de los centros, servicios y establecimientos sanitarios, a pacientes o a sus acompañantes siempre que no sea constitutiva de ilícito penal.

c) La resistencia, falta de respeto, amenazas, insultos, represalias o cualquier otra forma de presión ejercida contra los profesionales de los centros, servicios y establecimientos sanitarios, los pacientes o sus acompañantes siempre que no sean constitutivas de ilícito penal.

d) Las respuestas b) y c) son correctas.

20. ¿Cómo pueden sancionarse las infracciones calificadas como muy graves?

a) Con multa de hasta 15.000 € en grado máximo.

b) Con la inhabilitación para el ejercicio de la profesión por un período de uno a cinco años.

c) Con el cierre definitivo del establecimiento en el caso de centros, servicios y establecimientos sanitarios de ámbito privado.

d) Todas las respuestas anteriores son correctas.

Solución al test n.º 5

1. d) En el marco de la legislación básica del Estado, los derechos y deberes en materia de salud, tanto de los pacientes y usuarios como de los profesionales en Castilla-La Mancha.

2. d) El respeto a la objeción de conciencia de los profesionales sanitarios como manifestación del derecho a la autonomía de la voluntad..

3. c) Derechos relacionados con los servicios asistenciales.

4. a) Los centros, servicios y establecimientos sanitarios vigilarán que se guarde la confidencialidad de los datos referidos a la ideología, religión, creencias, origen racial, vida sexual, al hecho de haber sido objeto de malos tratos y, en general, cuantos datos o informaciones puedan tener especial relevancia para la salvaguarda de la intimidad personal y familiar.

5. a) Deberá respetarse la voluntad del paciente de no ser informado. La renuncia al derecho a ser informado deberá formularse por cualquier medio que permita dejar constancia y se incorporará a la historia clínica.

6. d) Todas las respuestas anteriores son correctas.

7. c) Se prestará por escrito en los procedimientos que impliquen riesgos o inconvenientes de notoria y previsible repercusión negativa sobre la salud del paciente.

8. a) Una declaración de quien presta el consentimiento en la que conste que ha comprendido adecuadamente la información, que conoce que el consentimiento puede ser revocado en cualquier momento, expresando la causa de la revocación y que ha recibido una copia del documento.

9. d) Se incluyen a los profesionales de los centros, servicios y establecimientos sanitarios, siempre que sean públicos y se encuentren ubicados en el territorio de la comunidad autónoma.

10. c) Menores de dieciséis años no emancipados.

11. b) 5 años.

12. d) El gráfico de constantes.

13. c) Los datos de filiación y documentación relativa a la hoja clínico-estadística.

14. d) Todas las respuestas anteriores son correctas.

15. d) Ninguna de las respuestas anteriores es correcta.

16. b) Decreto 91/2018, de 4 de diciembre.

17. b) Los profesionales sanitarios.

18. a) Guardar secreto sobre toda la información y documentación clínica sobre los pacientes y usuarios derivada de su actuación profesional o a la que tengan acceso.

19. b) La agresión física a profesionales de los centros, servicios y establecimientos sanitarios, a pacientes o a sus acompañantes siempre que no sea constitutiva de ilícito penal.

20. b) Con la inhabilitación para el ejercicio de la profesión por un período de uno a cinco años.

TEST ESPECÍFICO

TEST N.º 6

Plan de Salud de Castilla la Mancha. Horizonte 2025. Plan Dignifica. Planes estratégicos. Estratificación de crónicos. Redes de expertos y profesionales del sistema sanitario de Castilla-La Mancha

1. ¿Quién aprobó el Plan Dignifica en Castilla- La Mancha?

a) Consejo de Gobierno de Castilla-La Mancha.
b) Gerente del SESCAM.
c) Consejería de Salud.
d) Cortes de Castilla La Mancha.

2. Según el artículo 4 del *Decreto 72/2021, de 15 de junio, de ordenación de las estructuras organizativas y gestión coordinada de las actuaciones de humanización de la asistencia sanitaria y sociosanitaria de Castilla-La Mancha*, las políticas de humanización de la asistencia deberán centrarse en objetivos como el de fomentar la participación ciudadana y avanzar en:

a) La atención individualizada a los pacientes.
b) La corresponsabilidad de pacientes.
c) Las políticas de prevención.
d) El desarrollo de habilidades y competencias por parte de los usuarios.

3. Según el artículo 5 del Decreto 72/2021, uno de los principios orientadores por los que se regirá la ordenación de las actuaciones que potencian la dimensión humana de la asistencia sanitaria es:

a) Centralización y responsabilidad en la gestión.
b) Cuidado de las personas dependientes en el ámbito físico, psicológico y emocional.
c) Economía en los servicios y prestaciones.
d) Participación comunitaria en la formulación de las políticas sanitarias y sociosanitarias.

4. ¿Qué puede ocasionar en el sistema sanitario una mayor capacidad de complicaciones, de errores y de posibles daños?

a) La complejidad de la moderna práctica clínico-asistencial.
b) El gran desarrollo científico y tecnológico ocurrido a lo largo del pasado siglo.

c) La mayor capacidad de resolución de problemas con los medios actuales.

d) Todo lo anterior ha influido a pesar de la mayor capacidad de resolución de problemas.

5. ¿Qué aspectos de los que se apuntan considera no haber influido en la denominada deshumanización en (de) la asistencia sanitaria?

a) La elevada presión asistencial y la masificación de consultas.

b) Una mayor empatía y trato personal con el paciente.

c) La excesiva tecnificación de la práctica clínica.

d) Han influido todos los anteriores.

6. Según el artículo 10 del Decreto 72/2021, a qué órgano corresponderá la elaboración del Plan de Humanización de la Asistencia Sanitaria, así como de las modificaciones y adaptaciones necesarias:

a) Al Consejo Regional de Humanización.

b) A la Comisión Regional Técnica de Humanización.

c) A las Comisiones de Humanización de las gerencias.

d) Al Responsable Regional de Humanización.

7. ¿A qué concepto nos referimos con el abordaje integral de la persona enferma, teniendo en cuenta las dimensiones biológica, psicológica, social y conductual?

a) De humanización.

b) De equidad.

c) De Justicia.

d) De sostenibilidad.

8. Cuántos representantes de las redes de expertos y profesionales del sistema sanitario de Castilla-La Mancha designadas por la persona titular de la Consejería competente en materia de sanidad habrá en el Consejo Regional de Humanización:

a) Uno.

b) Dos.

c) Tres.

d) Cuatro.

9. La Comisión de humanización de cada gerencia aprobará su Plan Operativo:

a) Anualmente.

b) Bianualmente.

c) Trienalmente.

d) Cuatrienalmente.

10. ¿Qué afirmación no es correcta respecto a la humanización?

a) La humanización, la acción y efecto de humanizar o humanizarse.
b) Se dice que un sujeto es humano, cuando es comprensivo, sensible a los infortunios ajenos.
c) Las profesiones sanitarias, no son intrínsecamente humanizadoras.
d) La humanización comprende múltiples dimensiones de la persona, incluyendo aspectos educativos, sociales, políticos o culturales.

11. ¿Qué atributo debe merecer la persona que obra con autoestima y mereciendo el respeto de las demás, quien no comete actos que degradan y no se humilla ni tolera la humillación?

a) Asertiva.
b) Humana.
c) Digna.
d) Ágil.

12. ¿En qué patrón o variable estaban basados como medida de éxito los antiguos estudios sobre el coste-efectividad de la atención sanitaria?

a) Morbilidad: prevalencia e incidencia.
b) Esperanza de vida.
c) Mortalidad.
d) EVAC (Esperanza de Vida Ajustada por Calidad).

13. ¿Qué ciencia trata del estudio sistemático de la conducta humana en el ámbito de las ciencias de la salud y de la atención a la salud?

a) Psicología clínica.
b) Bioética.
c) Pedagogía clínica y sanitaria.
d) Ninguna de las anteriores.

14. ¿Qué aspecto de la superespecialización de la profesión sanitaria consideras deshumanizante?

a) Cuando con ella se logra una mejor asistencia en general de la persona.
b) Cuando se consigue unos resultados quirúrgicos mayores por el incremento de los conocimientos en determinadas áreas, siempre con un máximo respeto, humanidad y dignidad del individuo operado.
c) Cuando conlleva una visión parcial y fragmentada de la persona paciente.
d) Nada de lo anterior es un factor deshumanizante.

15. ¿Qué se define por una aflicción física aguda y se manifiesta de muchas formas?

a) Dolor.
b) Sufrimiento.
c) Introversión.
d) Introspección.

16. ¿Qué tipo de dolor no genera normalmente sufrimiento?

a) El dolor pasajero.
b) El dolor que forma parte del proceso de curación.
c) El dolor siempre produce sufrimiento.
d) El dolor que forma parte del proceso de curación y el dolor pasajero.

17. ¿En qué porcentaje es evitable actualmente el dolor en nuestro sistema sanitario?

a) 100 % de los casos.
b) 95 % de los casos.
c) 75 % de los casos.
d) 50 % de los casos.

18. ¿En qué año entró en vigor en Castilla La Mancha la tarjeta humanitaria?

a) 2005.
b) 2010.
c) 2016.
d) 2020.

19. ¿Qué personas no pueden utilizar la tarjeta humanitaria en Castilla La Mancha?

a) Nacidos o/y residentes en Castilla La Mancha.
b) Personas extranjeras que carezcan de recursos residentes en Castilla La Mancha.
c) Personas no nacidas en España y que están en situación irregular.
d) Todos los anteriores pueden utilizar la tarjeta humanitaria.

20. ¿Qué aspecto debe convertirse en el centro del sistema sanitario como medio de cambio de actitud, en la cuestión de priorizar la humanización en la atención sanitaria? El centro del sistema debe ser:

a) La enfermedad.
b) Los costes sanitarios necesarios para la sostenibilidad del sistema.
c) La persona y su contexto.
d) Los sanitarios y sus estilos de trabajo.

En MADTEST tienes **más preguntas de este tema**, y todos tus avances quedan registrados y se reflejan en el ranking.

¡Supera tus límites con MADTEST!

Solución al test n.º 6

1. a) Consejo de Gobierno de Castilla-La Mancha.

2. b) La corresponsabilidad de pacientes.

3. d) Participación comunitaria en la formulación de las políticas sanitarias y sociosanitarias.

4. d) Todo lo anterior ha influido a pesar de la mayor capacidad de resolución de problemas.

5. b) Una mayor empatía y trato personal con el paciente.

6. b) A la Comisión Regional Técnica de Humanización.

7. a) De humanización.

8. b) Dos.

9. a) Anualmente.

10. c) Las profesiones sanitarias, no son intrínsecamente humanizadoras.

11. c) Digna.

12. b) Esperanza de vida.

13. b) Bioética.

14. c) Cuando conlleva una visión parcial y fragmentada de la persona paciente.

15. a) Dolor.

16. d) El dolor que forma parte del proceso de curación y el dolor pasajero.

17. b) 95 % de los casos.

18. c) 2016.

19. d) Todos los anteriores pueden utilizar la tarjeta humanitaria.

20. c) La persona y su contexto.

TEST N.º 7

**La Atención Primaria de Salud. Los Centros de Salud.
Los Equipos de Atención Primaria. Funciones y organización.
El personal de enfermería en Atención Primaria. Organización
y funciones en Castilla-La Mancha. La Atención Especializada.
Clasificación de hospitales organización y funcionamiento.
El personal de enfermería en Atención Especializada.
Organización y funciones en Castilla-La Mancha**

1. Una de las características de la Atención Primaria de Salud:

a) Los Ambulatorios y los Consultorios han venido a sustituir a los Centros de Salud.

b) Se han instaurado nuevos horarios y régimen de personal, ya no es necesario una dedicación exclusiva al sistema sanitario público por parte de los profesionales.

c) Surge una nueva sectorización del territorio, desaparecen las Zonas Básicas de Salud.

d) Se crean nuevos profesionales que se incorporan, tales como los Trabajadores Sociales, Odontólogos, Farmacéuticos y Veterinarios y los Técnicos de Salud Pública.

2. Señale cuál de las siguientes no es una de las características de la Atención Primaria de Salud:

a) Se establecen nuevos servicios como la cita previa programada, Historia Clínica familiar e individual, Consultas de Enfermería, Consultas del «niño sano», Servicios de Información al Usuario, etc.

b) Surge una nueva concepción de la asistencia sanitaria, individual y colectiva, en la que no sólo se curan individuos enfermos sino que se promociona la salud y se educan individuos sanos.

c) Desaparecen antiguas áreas asistenciales tales como Salud laboral, Salud Mental, Asistencia social, Enfermos crónicos, etc.

d) Se crea una nueva sectorización del territorio, las Zonas Básicas de Salud.

3. Uno de los objetivos de la Atención Primaria de Salud es:

a) La promoción de la salud, prevención de la enfermedad y asistencia curativa.

b) La educación sanitaria de la población.

c) La planificación, organización y dirección y evaluación de los servicios sanitarios.
d) Todas las respuestas son correctas.

4. Uno de los objetivos de la Atención Primaria de Salud es:

a) La integración de la actividad sanitaria asistencial y la preventiva.
b) La elevación del nivel de calidad del sistema de salud, y del grado de satisfacción de usuarios y profesionales.
c) El diagnóstico continuado de la salud de la Zona.
d) Todas las respuestas son correctas.

5. ¿Qué artículo de Ley General de Sanidad determina que serán las Comunidades Autónomas las que delimiten y constituyan en su territorio demarcaciones territoriales denominadas Áreas de Salud, en las que se organice un sistema sanitario coordinado e integral?

a) El art. 46.
b) El art. 49.
c) El art. 54.
d) El art. 56.

6. El personal del Equipo de Atención Primaria depende funcionalmente de un Coordinador Médico, el cual, además de realizar las actividades específicas propias del cargo, desempeñará sus propias actividades como profesional del Equipo de Atención Primaria. El nombramiento del Coordinador Médico ha de recaer en:

a) Un médico especialista con más de cinco años de servicios.
b) Un médico especialista con más de diez años de servicios.
c) Uno de los componentes del Equipo de Atención Primaria.
d) Cualquiera de los componentes del Equipo de Atención Primaria siempre que demuestre que lleva prestando servicios en la Zona durante más de cinco años.

7. ¿Cuál es la norma que regula la Ordenación Sanitaria de Castilla-La Mancha?

a) La Ley 8/2005, de 30 de septiembre.
b) La Ley 8/2000, de 30 de noviembre.
c) La Ley 8/2000, de 30 de septiembre.
d) La Ley 8/2005, de 30 de noviembre

8. ¿En qué se diferencia la Atención Especializada de la Atención Primaria?

a) En que la Atención Especializada se presta en régimen ambulatorio y la Atención Primaria no.
b) En que la Atención Especializada se presta en régimen de urgencias y la Atención Primaria no.

c) En que sólo la Atención Especializada ofrece la asistencia en régimen de internamiento.

d) Todas las respuestas son correctas.

9. ¿Cuál es la estructura física fundamental de la Atención Especializada?

a) El Centro de Salud.
b) El Ambulatorio.
c) El Consultorio.
d) El Hospital.

10. ¿Qué norma aprueba el Reglamento de Régimen, Gobierno y Servicio de las Instituciones Sanitarias de la Seguridad Social?

a) La Orden Ministerial de 7 de julio de 1972.
b) El Real Decreto 521/1987, de 15 de abril.
c) El Real Decreto 8/1996, de 15 de enero.
d) La Ley 37/1962, de 21 de julio.

11. Uno de los objetivos de la Atención Especializada es:

a) Prestar asistencia ambulatoria especializada.
b) Posibilitar la hospitalización de los pacientes que lo precisen.
c) Poner sus Centros e Instituciones a disposición de la investigación y docencia en materia de salud.
d) Todas las respuestas son correctas.

12. ¿Qué artículo de la Ley 16/2003, de 28 de mayo, de cohesión y calidad del Sistema Nacional de Salud, establece el contenido de las prestaciones de atención especializada?

a) El art. 13.
b) El art. 14.
c) El art. 15.
d) El art. 18.

13. Con carácter general, el acceso a la asistencia ambulatoria especializada se realizará por:

a) Indicación del médico especialista.
b) A través de los servicios de urgencia.
c) Indicación del médico de atención primaria.
d) Cualquiera de los enumerados anteriormente.

14. La atención de urgencia en los hospitales se presta, a los pacientes no ingresados que sufran una situación clínica aguda que obligue a una atención inmediata de los servicios del hospital, durante:

a) De lunes a viernes de 8 a 15 horas.
b) De lunes a viernes de 8 a 22 horas.
c) De lunes a viernes las 24 horas.
d) Todos los días durante las veinticuatro horas.

15. Conforme a lo establecido en el artículo 65 de la LGS, los hospitales quedan adscritos a:

a) Un Distrito Sanitario.
b) Una Zona de Salud.
c) Un Área de Salud.
d) Una Demarcación Médica.

16. Los Servicios jerarquizados de Especialidades que por sus características deban prestar asistencia sanitaria a más de un Área de Salud se denominan:

a) Servicios de referencia.
b) Servicios comunes.
c) Servicios de área.
d) Servicios base.

17. Los hospitales tienen como función primordial la de:

a) Prestación de asistencia especializada.
b) Promoción de la salud.
c) Prevención de las enfermedades.
d) Todas las respuestas son correctas.

18. Los servicios médicos de la Atención Especializada incluyen, entre otras, la siguiente especialidad:

a) Urología.
b) Neurocirugía.
c) Anatomía Patológica.
d) Anestesia y Reanimación.

19. El acceso a los servicios hospitalarios se efectuará una vez que las posibilidades de diagnóstico y tratamiento de los servicios de atención primaria hayan sido superadas, salvo:

a) Que así lo autorice expresamente la dirección del centro.
b) En los casos de fuerza mayor.

c) En los casos de urgencia vital.
d) No caben excepciones a esta norma.

20. Los servicios y actividades de los hospitales se agrupan en las siguientes Divisiones:

a) Gerencia, División Médica, División de Enfermería y División de Gestión y Servicios Generales.
b) Secretaría, División Médica, División de Enfermería y División de Gestión.
c) Secretaría, División Técnica, División Médica y División de Enfermería.
d) Gerencia, Secretaría, División Médica y División de Gestión y Servicios Generales.

En MADTEST tienes **más preguntas de este tema**, y todos tus avances quedan registrados y se reflejan en el ranking.

¡Supera tus límites con MADTEST!

Solución al test n.º 7

1. d) Se crean nuevos profesionales que se incorporan, tales como los Trabajadores Sociales, Odontólogos, Farmacéuticos y Veterinarios y los Técnicos de Salud Pública.

2. c) Desaparecen antiguas áreas asistenciales tales como Salud laboral, Salud Mental, Asistencia social, Enfermos crónicos, etc.

3. d) Todas las respuestas son correctas.

4. d) Todas las respuestas son correctas.

5. d) El art. 56.

6. c) Uno de los componentes del Equipo de Atención Primaria.

7. b) La Ley 8/2000, de 30 de noviembre.

8. c) En que sólo la Atención Especializada ofrece la asistencia en régimen de internamiento.

9. d) El Hospital.

10. a) La Orden Ministerial de 7 de julio de 1972.

11. d) Todas las respuestas son correctas.

12. a) El art. 13.

13. c) Indicación del médico de atención primaria.

14. d) Todos los días durante las veinticuatro horas.

15. c) Un Área de Salud.

16. a) Servicios de referencia.

17. d) Todas las respuestas son correctas.

18. d) Anestesia y Reanimación.

19. c) En los casos de urgencia vital.

20. a) Gerencia, División Médica, División de Enfermería y División de Gestión y Servicios Generales.

TEST N.º 8

Organización de los cuidados enfermeros en Atención Primaria y Atención Especializada: Centro de Salud, comunidad, hospital. Consulta de enfermería. Coordinación entre niveles asistenciales: continuidad de los cuidados. Informe de cuidados de enfermería

1. Para conocer las principales causas de morbi-mortalidad y analizar qué factores están influyendo o condicionando dicha morbi-mortalidad se realiza un/una:

a) Programa de Salud.
b) Diagnóstico de Salud.
c) Educación para la Salud.
d) Consulta de enfermería.

2. Dentro de la metodología de trabajo en Atención Primaria, el diagnóstico de Salud:

a) Se realiza cuando el individuo goza de un estado de salud y bienestar aceptable pero quiere mejorarlo.
b) Describe la respuesta de la persona a situaciones vitales o de su salud que pueden presentarse en un futuro próximo.
c) Describe la respuesta que un individuo o un colectivo da a una situación vital o de salud.
d) Se hace cuando no hay confirmación pero sí aparecen datos que hacen sospechar la existencia de un problema.

3. ¿En qué fase del denominado "Diagnostico de Salud" se incluye el conocimiento de los factores condicionantes?

a) Descripción de la situación de salud.
b) Identificación y análisis de los problemas de salud.
c) Evaluación de la situación de salud.
d) De resolución.

4. ¿Cuál de los siguientes programas de salud se considera básico en el nivel primario de atención?

a) Atención materno-infantil.
b) Atención al adulto y al anciano.
c) Atención al medio.
d) Todas las opciones son correctas.

5. La educación sanitaria que se debe llevar a cabo en el ámbito de la Atención Primaria presenta las siguientes características, excepto que:

a) Se realiza por charlas espontáneas.
b) Debe ser programada.
c) Es parte inherente a todas las acciones de salud.
d) No es tarea exclusiva de la institución sanitaria, sino que es deber de la Administración en general, de los Gobiernos, el proteger y elevar el nivel de salud de los pueblos.

6. ¿Desde dónde se realiza la asistencia de enfermería al usuario en Atención Primaria?

a) Desde el Centro de Salud.
b) Desde el Hospital.
c) Desde el domicilio del usuario.
d) Las opciones a y c son correctas.

7. ¿Cuál es el elemento definitorio básico y esencial en la consulta de enfermería?

a) La técnica empleada.
b) La valoración diagnóstica.
c) La titulación universitaria del personal.
d) La ubicación física de la consulta.

8. ¿Cuál de las siguientes acciones se considera una actividad propia de la consulta de enfermería?

a) Administración de inyectables.
b) Actividades educativas.
c) Extracciones.
d) Curas.

9. Según Donabedian, ¿qué criterios conviene contemplar en la evaluación de un programa?

a) La estructura.
b) El proceso.

c) Los resultados.
d) Todos los anteriores.

10. Si un usuario desconocido solicita nuestros cuidados, ¿cuál de los siguientes apartados se encuadraría dentro de la denominada, genéricamente, consulta de enfermería?

a) Colocación de SNG.
b) Administración de inyectable.
c) Valoración diagnóstica.
d) Cura de herida.

11. Cuando en una consulta de enfermería se evalúa la ejecución de un programa de salud estamos ante una evaluación de:

a) Estructura.
b) Proceso.
c) Resultado.
d) Ninguna es correcta.

12. ¿A qué se denomina primera consulta de enfermería a demanda?

a) El usuario acude por primera vez a nuestra consulta a requerimiento de los responsables del centro de Salud.
b) El usuario acude por primera vez a nuestra consulta enviado por el médico tras haberle diagnosticado una patología y prescrito un tratamiento.
c) El usuario acude por primera vez a nuestra consulta con la sensación más o menos clara de que algo en su estado de salud no funciona bien.
d) Todas son ciertas.

13. Cuando un paciente incluido en un programa de hipertensión acude a la consulta por fiebre y cefalea, ¿qué tipo de consulta está realizando?

a) Consulta programada.
b) Consulta domiciliaria.
c) Consulta a demanda.
d) Consulta de urgencia.

14. En la consulta de enfermería denominada a demanda el primer paso que se lleva a cabo es:

a) Elaboración de los diagnósticos de enfermería.
b) Recogida de datos.
c) Planteamiento de objetivos.
d) Ejecución del plan de cuidados.

15. ¿Cuál de las siguientes es una actividad de enfermería que se realiza en las consultas de enfermería posteriores?

a) Repaso de la recopilación de datos que tenemos hasta el momento, haciendo un resumen comparativo con el paciente.

b) Recogida de nuevos datos, que nos dé idea de la evolución del problema desde nuestro último contacto, así como los logros conseguidos por el usuario en las pautas a seguir por nuestro asesoramiento.

c) Determinación de la presencia de nuevos problemas.

d) Todas son correctas.

16. ¿Qué criterios debe reunir una consulta para ser considerada programada?

a) Estar incluida en algún programa.

b) Que se acuda por citación.

c) Que el usuario sea un enfermo.

d) Las opciones a y b son correctas.

17. ¿Cuál es el objetivo diana del Contrato Programa?

a) Impulsar cuantas actuaciones sean necesarias para mejorar la coordinación con los Servicios Sociales.

b) La calidad en la prestación asistencial y la eficiencia en la producción de servicios.

c) La coordinación entre los dos niveles de asistencia para la integración documental y administrativa.

d) El uso racional del medicamento, que debe aprobar y difundir recomendaciones y protocolos conjuntos de empleo de fármacos.

18. ¿Cómo se denomina el procedimiento cuando la coordinación se consigue mediante la comunicación informal entre el personal de cada una de las organizaciones cuando un trabajo en particular se relaciona con otro?

a) Estandarización de procesos.

b) Mecanismo de supervisión directa.

c) Mecanismo de ajuste mutuo.

d) Estandarización de habilidades.

19. ¿Cada cuanto tiempo se renueva el contrato programa?

a) Cada año.

b) Cada dos años.

c) Cada tres años.

d) Cada cinco años.

20. ¿Qué se define como el proceso clínico mediante el cual cada directivo implicado identifica, en conjunto, las metas comunes de la organización, definen las responsabilidades de cada estamento implicado y lo utilizan como guía para hacer funcionar cada unidad y para evaluar el desempeño de cada uno de sus miembros?

a) El contrato programa.
b) La Dirección por objetivos.
c) El Diagnóstico de inclusión codificado.
d) Nada de lo anterior es cierto.

En MADTEST tienes **más preguntas de este tema**, y todos tus avances quedan registrados y se reflejan en el ranking.

¡Supera tus límites con MADTEST!

Solución al test n.º 8

1. b) Diagnóstico de Salud.

2. a) Se realiza cuando el individuo goza de un estado de salud y bienestar aceptable pero quiere mejorarlo.

3. a) Descripción de la situación de salud.

4. d) Todas son correctas.

5. a) Se realiza por charlas espontáneas.

6. d) Las opciones a y c son correctas.

7. b) La valoración diagnóstica.

8. b) Actividades educativas.

9. d) Todos los anteriores.

10. c) Valoración diagnóstica.

11. b) Proceso.

12. c) El usuario acude por primera vez a nuestra consulta con la sensación más o menos clara de que algo en su estado de salud no funciona bien.

13. c) Consulta a demanda.

14. b) Recogida de datos.

15. d) Todas son correctas.

16. d) Las opciones a y b son correctas.

17. b) La calidad en la prestación asistencial y la eficiencia en la producción de servicios.

18. c) Mecanismo de ajuste mutuo.

19. a) Cada año.

20. b) La Dirección por objetivos.

TEST N.º 9

**Marco conceptual y modelos de enfermería: generalidades.
Teoría de las Necesidades Humanas: concepto.
Teoría del Autocuidado: concepto**

1. Un conjunto de conceptos, definiciones y proposiciones que proyecta una visión sistemática de los fenómenos, estableciendo para ello las relaciones específicas entre los conceptos a fin de describir, explicar, predecir y/o controlar los fenómenos se denomina:

a) Modelo.
b) Teoría.
c) Tendencia.
d) Concepto.

2. Definimos como una representación simbólica y conceptual expresada en términos lógicos de una tendencia al/a la:

a) Modelo.
b) Predicción.
c) Simbolismo.
d) Concepto.

3. La orientación que caracteriza a la forma de ordenar los diversos conceptos que se usan para formar un modelo de cuidados se conoce como:

a) Predicción.
b) Teoría.
c) Tendencia.
d) Concepto.

4. ¿Cuál de las siguientes afirmaciones no es una ventaja de trabajar con los modelos de enfermería?

a) La valoración se hace basándose en respuestas humanas.
b) La atención prestada es integral.

c) La valoración se hace sobre la base de signos y síntomas.
d) Permite llevar a cabo todo el Proceso de Atención de Enfermería.

5. ¿Cuál es la autora de enfermería en la que su idea sobre el objetivo de la enfermería fue colocar al paciente en las mejores condiciones posibles para que la naturaleza actúe sobre él?

a) Virginia Henderson.
b) Nancy Roper.
c) Florence Nightingale.
d) D. Johnson.

6. ¿Cuál de las siguientes autoras destaca en la teoría de la comunicación- interacción?

a) Nancy Roper.
b) Hildegarde Peplau.
c) D. Johnson.
d) Virginia Henderson.

7. ¿Cuál de las siguientes autoras destaca en la teoría general de sistemas?

a) Nancy Roper.
b) Hildegarde Peplau.
c) D. Johnson.
d) Virginia Henderson.

8. ¿Cuál de las siguientes autoras destaca en la teoría de las necesidades humanas?

a) Virginia Henderson.
b) D. Orem.
c) Hildegarde Peplau.
d) Las opciones a y b son correctas.

9. El pensamiento denominado "teoría para el logro de metas/objetivos" se le atribuye a:

a) King.
b) D. Johnson.
c) B. Neuman.
d) C. Roy.

10. ¿Cuál de los siguientes modelos de enfermería está basado en la teoría de la motivación y personalidad de A. Maslow?

a) Modelos de interacción.
b) Modelos de necesidades humanas.

c) Modelos de adaptación.
d) Modelos de sistemas.

11. El concepto de adaptación y sistema adaptativo son dos aspectos muy importantes en los modelos de adaptación desarrollado por:

a) King.
b) D. Johnson.
c) B. Neuman.
d) Callista Roy.

12. El pensamiento denominado "teoría de tipología de los problemas de enfermería" se le atribuye a:

a) Ida Orlando.
b) Ernestine Wiedenbach.
c) Faye Abdellah.
d) M. Levine.

13. ¿Cuál de los siguientes modelos y teorías se le atribuye a Ida Orlando?

a) Teoría del proceso deliberativo.
b) Teoría del arte de cuidar de la enfermería clínica.
c) Modelo de la conservación.
d) Modelo de los seres humanos unitarios.

14. ¿Cuál de los siguientes modelos y teorías se le atribuye a Ernestine Wiedenbach?

a) Teoría del proceso deliberativo.
b) Teoría del arte de cuidar de la enfermería clínica.
c) Modelo de la conservación.
d) Modelo de los seres humanos unitarios.

15. El pensamiento denominado "modelo de los seres humanos unitarios" se le atribuye a:

a) Ida Orlando.
b) Ernestine Wiedenbach.
c) Martha Rogers.
d) M. Levine.

16. ¿Cuál de estos conceptos consideras paradigmas en enfermería?

a) La persona bajo el aspecto biopsicosocial.
b) El entorno.

c) El rol profesional.
d) Son todos los anteriores.

17. ¿Qué afirmación es incorrecta respecto a la puesta en práctica a nivel laboral de los modelos de enfermería?

a) La valoración enfermera se hace basándose en respuestas humanas.
b) La atención prestada es integral.
c) La valoración enfermera se realiza sobre la base de signos y síntomas.
d) Se clarifica el campo de asistencia pudiéndose llevar a cabo actividades independientes, permitiendo llevar a cabo todo el Proceso de Atención de Enfermería.

18. ¿Qué modelo enfermero se denomina también modelo de interacción? Modelo de…

a) Necesidades básicas.
b) Profesional.
c) Relaciones interpersonales.
d) Sistemas.

19. Todo lo que se expone del modelo de sistemas de Newman es cierto, excepto:

a) El sistema paciente es un conjunto dinámico de interrelaciones entre variables fisiológicas, psicológicas y sociales que interactúa con el entorno.
b) La función de la enfermería se centra en las respuestas que los individuos dan a los estresores.
c) Considera al ser humano como un sistema cerrado.
d) La perturbación la causa el estrés si se sobrepasa cierto umbral del mismo.

20. Madeleine Leininger es autora de la teoría:

a) Del cuidado humano.
b) De tipología de los problemas de enfermería.
c) Del proceso deliberativo.
d) De la diversidad y la universalidad de los cuidados culturales.

En MADTEST tienes **más preguntas de este tema**, y todos tus avances quedan registrados y se reflejan en el ranking.

¡Supera tus límites con MADTEST!

Solución al test n.º 9

1. b) Teoría.

2. a) Modelo.

3. c) Tendencia.

4. c) La valoración se hace sobre la base de signos y síntomas.

5. c) Florence Nightingale.

6. b) Hildegarde Peplau.

7. c) D. Johnson.

8. d) Las opciones a y b son correctas.

9. a) King.

10. b) Modelos de necesidades humanas.

11. d) Callista Roy.

12. c) Faye Abdellah.

13. a) Teoría del proceso deliberativo.

14. b) Teoría del arte de cuidar de la enfermería clínica.

15. c) Martha Rogers.

16. d) Son todos los anteriores.

17. c) La valoración enfermera se realiza sobre la base de signos y síntomas.

18. c) Relaciones interpersonales.

19. c) Considera al ser humano como un sistema cerrado.

20. d) De la diversidad y la universalidad de los cuidados culturales.

Metodología de Enfermería. Concepto y fases del Proceso de Enfermería. Valoración según Patrones Funcionales de Salud (M. Gordon) y Necesidades humanas (V. Henderson). Diagnósticos de Enfermería: concepto y tipos según taxonomía de la NANDA. Planificación y Ejecución: Formulación de objetivos; Intervenciones (Taxonomía NIC). Evaluación: Clasificación de resultados en Enfermería (Taxonomía NOC). Criterios de resultados. Indicadores

1. El Proceso Enfermero supone un valor añadido para la profesión. ¿Cuál de los siguientes enunciados NO corresponde con una de las ventajas que aporta su utilización?

a) Favorece el trato personalizado.
b) Facilita la evaluación de la eficacia de los cuidados.
c) Aumenta la calidad de los cuidados.
d) Facilita la utilización de un lenguaje común.

2. ¿Cuántas etapas o fases se incluyen dentro de lo que se conoce como Proceso Enfermero?

a) 3.
b) 4.
c) 5.
d) No siempre tiene las mismas fases.

3. ¿Cómo se denomina la aplicación de la resolución científica de problemas a los cuidados de enfermería?

a) NANDA.
b) NIC.
c) NOC.
d) Proceso Enfermero.

4. ¿En qué etapa del Proceso Enfermero se recopilan los datos, para poder posteriormente identificar y tratar los problemas de enfermería del individuo?

a) Diagnóstico.
b) Planificación.
c) Valoración.
d) Evaluación.

5. ¿En qué etapa del Proceso Enfermero se seleccionan las intervenciones que hay que llevar a cabo?

a) En la ejecución.
b) En la evaluación.
c) En el diagnóstico.
d) En la valoración.

6. ¿Cuál es el objetivo principal del Proceso Enfermero?

a) Reemplazar la intervención médica.
b) Organizar los turnos de trabajo de enfermería.
c) Proporcionar cuidados estructurados y basados en la evidencia.
d) Asegurar el cumplimiento de normas hospitalarias.

7. ¿Cuál es la primera fase del Proceso Enfermero?

a) Diagnóstico.
b) Valoración.
c) Ejecución.
d) Evaluación.

8. ¿Qué característica define al Proceso Enfermero?

a) Es sistemático y estructurado.
b) Es un procedimiento rígido sin cambios.
c) Es exclusivo para pacientes hospitalizados.
d) Se aplica solo en enfermería comunitaria.

9. ¿Qué fase del Proceso Enfermero implica la identificación de problemas de salud?

a) Valoración.
b) Diagnóstico.
c) Planificación.
d) Evaluación.

10. ¿Cuál de las siguientes afirmaciones sobre la planificación en el Proceso Enfermero es correcta?

a) No requiere establecer objetivos específicos.
b) Se centra solo en la eliminación de síntomas.
c) Debe incluir objetivos medibles y alcanzables.
d) No se modifica una vez implementada.

11. ¿En qué fase del Proceso Enfermero se implementan las intervenciones de cuidados?

a) Diagnóstico.
b) Planificación.
c) Ejecución.
d) Evaluación.

12. ¿Qué se evalúa en la última fase del Proceso Enfermero?

a) El cumplimiento de protocolos hospitalarios.
b) Los resultados obtenidos en relación con los objetivos establecidos.
c) La cantidad de procedimientos realizados.
d) La carga de trabajo del personal de enfermería.

13. ¿Por qué el Proceso Enfermero se considera dinámico y flexible?

a) Porque cambia según la preferencia del profesional.
b) Porque se adapta a la evolución del estado de salud del paciente.
c) Porque permite improvisar en la atención.
d) Porque no sigue un orden lógico.

14. ¿Cuál de las siguientes afirmaciones sobre la valoración es incorrecta?

a) Es un proceso continuo.
b) Se basa únicamente en la observación visual del paciente.
c) Incluye entrevistas y exploraciones físicas.
d) Permite identificar necesidades de cuidado.

15. ¿Cuál de los siguientes elementos forma parte del diagnóstico de enfermería?

a) Elección del tratamiento médico.
b) Registro de evolución del paciente.
c) Identificación de respuestas humanas a problemas de salud.
d) Administración de fármacos prescritos.

16. ¿Cuál de estas afirmaciones es falsa sobre la planificación?

a) Se basa en la evidencia científica.
b) No necesita considerar la opinión del paciente.
c) Incluye objetivos realistas.
d) Prioriza problemas según su gravedad.

17. ¿Qué se espera de la ejecución de intervenciones de enfermería?

a) Que sean siempre iguales para todos los pacientes.
b) Que se ajusten a las necesidades individuales del paciente.
c) Que se realicen sin evaluación previa.
d) Que no requieran documentación.

18. ¿Por qué es importante la documentación en el Proceso Enfermero?

a) Solo para cumplir con normas administrativas.
b) Para asegurar la continuidad y trazabilidad de los cuidados.
c) Porque lo exige la legislación sin impacto en la atención.
d) Para evitar responsabilidad legal del profesional.

19. ¿Cuál de las siguientes es una característica clave del Proceso Enfermero?

a) Es un protocolo rígido.
b) Es basado en la evidencia y centrado en la persona.
c) No requiere adaptación a cada paciente.
d) No permite la participación del paciente en decisiones.

20. ¿Qué sucede si en la evaluación se determina que los objetivos no se han cumplido?

a) Se revisa y ajusta el plan de cuidados.
b) Se suspenden las intervenciones.
c) Se repiten las mismas acciones sin cambios.
d) No se realiza ninguna acción adicional.

En MADTEST tienes **más preguntas de este tema**, y todos tus avances quedan registrados y se reflejan en el ranking.

¡Supera tus límites con MADTEST!

Solución al test n.º 10

1. d) Facilita la utilización de un lenguaje común.

2. c) 5.

3. d) Proceso Enfermero.

4. c) Valoración.

5. c) En el diagnóstico.

6. c) Proporcionar cuidados estructurados y basados en la evidencia.

7. b) Valoración.

8. a) Es sistemático y estructurado.

9. b) Diagnóstico.

10. c) Debe incluir objetivos medibles y alcanzables.

11. c) Ejecución.

12. b) Los resultados obtenidos en relación con los objetivos establecidos.

13. b) Porque se adapta a la evolución del estado de salud del paciente.

14. b) Se basa únicamente en la observación visual del paciente.

15. c) Identificación de respuestas humanas a problemas de salud.

16. b) No necesita considerar la opinión del paciente.

17. b) Que se ajusten a las necesidades individuales del paciente.

18. b) Para asegurar la continuidad y trazabilidad de los cuidados.

19. b) Es basado en la evidencia y centrado en la persona.

20. a) Se revisa y ajusta el plan de cuidados.

TEST N.º 11

Gestión de servicios sanitarios: tendencias actuales. Planificación: concepto, definición de objetivos, actividades y recursos. La gestión de los servicios de enfermería: tendencias actuales. Producto sanitario y Producto enfermero: concepto y sistemas de medición. Cartera de servicios: concepto

1. Aquellos costes que pueden ser eliminados total o parcialmente como consecuencia de una alternativa, se denominan:

a) Coste total.
b) Coste oportunidad.
c) Coste variable.
d) Coste evitable.

2. La gama de posibilidades y situaciones que tienen que ver con el paciente se refiere:

a) A la transformación de los procesos sanitarios.
b) Al case-mix.
c) Al input sanitario.
d) A nada de lo anterior.

3. ¿Cómo se denominarían aquellos costes que no se pueden cuantificar en términos monetarios, como por ejemplo el estrés, dolor y ansiedad que comporta y que puede reducir la calidad de vida de un paciente con esclerosis múltiple y de sus familiares? Coste:

a) Tangible.
b) Directo.
c) Intangible.
d) Total.

4. ¿Cuál de estos procedimientos para el cálculo de case mix o producto sanitario es el más utilizado a nivel hospitalario?

a) Categorías de Gestión de Pacientes (PMC).
b) APACHE.
c) Grupos Relacionados con el Diagnóstico (GRD).
d) AS-score.

5. ¿Cuál de esto aspectos consideras una desventaja de la aplicación de los procedimientos GRD (Grupos Relacionados con el Diagnóstico)?

a) Tratamiento informático sencillo.
b) Manejabilidad.
c) Incentivan ciertas opciones quirúrgicas en el tratamiento.
d) Agrupación fácil de la información disponible.

6. ¿En qué aspectos de los que se nombran nos ayuda el medidor case mix denominado sistema ACG?

a) Aproximar el sistema sanitario al usuario en su propio domicilio.
b) Reducir el coste sanitario.
c) Disminuir la presión asistencial.
d) Nos ofrece todo lo anterior.

7. ¿A qué no es aplicable el sistema APG (Ambulatory Patient Groups)? No es aplicable a:

a) Unidades de cirugía de día o cirugía ambulatoria.
b) Visitas médicas domiciliarias.
c) Consultas ambulatorias médicas o consultas ambulatorias de enfermería.
d) Servicios de urgencias.

8. ¿A qué se denomina conjunto de procesos implicados en las decisiones que se producen en la relación entre profesionales y pacientes?

a) Financiación clínica.
b) Gestión clínica.
c) Provisión clínica.
d) Resorce clinic.

9. ¿Qué aspecto de los que se nombran tiene que ver con la efectividad clínica y la utilización de los recursos?

a) Gestión asistencial.
b) Gestión de la unidad clínica.
c) Terapia individual.
d) Gestión preventiva.

10. La macrogestión sanitaria es:

a) La política sanitaria.
b) La gestión de centros sanitarios.
c) La gestión clínica.
d) La gestión privada.

11. ¿Cuál será la financiación ante un seguro obligatorio?

a) Pago por acto.
b) Prima según riesgo.
c) Porcentaje del salario.
d) Impuestos.

12. ¿Quién regulará el servicio nacional de salud?

a) Los proveedores.
b) Compañía aseguradora.
c) El Gobierno.
d) Todos los anteriores.

13. ¿Qué se puede definir como el grado de consecución de un objetivo sin tener en cuenta elementos de coste?

a) Equidad.
b) Eficacia.
c) Efectividad.
d) Eficiencia.

14. A cada una de las actividades que los enfermeros ejecutan sobre el usuario (sea este un individuo o un colectivo) al objeto de prevenir la enfermedad y promover y recuperar la salud, se le denomina:

a) Sistema NANDA.
b) Coste/oportunidad de la enfermería.
c) Sistema NOC.
d) Producto enfermero.

15. La adecuada selección de los recursos más efectivos para realizar una determinada actividad, será:

a) La optimización.
b) Eficacia.
c) Efectividad.
d) Eficiencia.

16. ¿A qué se le llama estándares de calidad?

a) Reconocimiento formal de cumplimiento de criterios de calidad establecidos externamente.

b) Es la medida en que la atención sanitaria se corresponde con las necesidades del paciente.

c) Grado de cumplimiento exigible a un criterio, fijado antes de realizar la evaluación.

d) La medida en que la atención sanitaria y el estado de salud resultante cumplen con las expectativas del usuario.

17. ¿Cuál es la primera etapa de la planificación (según Pineault)?

a) Normativa y estratégica.

b) Táctica.

c) Operativa.

d) Evaluativa.

18. ¿A qué se le denomina monitorizar o hacer seguimiento de las actividades de la organización para modificarlas o corregirlas en caso necesario?

a) Operación.

b) Control.

c) Transformación.

d) Medición.

19. Comparar dos o más alternativas que coinciden en su totalidad en efectividad y riesgos, se denomina:

a) Minimización de Costes (MC).

b) Control de Costes (CC).

c) Maximización de Costes (MxC).

d) Análisis Costes Efectividad.

20. Uno de estos niveles no pertenece a la planificación sanitaria:

a) Planificación política.

b) Planificación normativa.

c) Planificación por procesos.

d) Planificación estratégica.

En MADTEST tienes **más preguntas de este tema**, y todos tus avances quedan registrados y se reflejan en el ranking.

¡Supera tus límites con MADTEST!

Solución al test n.º 11

1. d) Coste evitable.

2. b) Al case-mix.

3. c) Intangible.

4. c) Grupos Relacionados con el Diagnóstico (GRD).

5. c) Incentivan ciertas opciones quirúrgicas en el tratamiento.

6. d) Nos ofrece todo lo anterior.

7. b) Visitas médicas domiciliarias.

8. b) Gestión clínica.

9. a) Gestión asistencial.

10. a) La política sanitaria.

11. c) Porcentaje del salario.

12. c) El Gobierno.

13. b) Eficacia.

14. d) Producto enfermero.

15. a) La optimización.

16. c) Grado de cumplimiento exigible a un criterio, fijado antes de realizar la evaluación.

17. a) Normativa y estratégica.

18. b) Control.

19. a) Minimización de Costes (MC).

20. c) Planificación por procesos.

Sistemas de información utilizados en Atención Especializada y Atención Primaria: historia clínica. Registros específicos de Actividad de Enfermería. Clasificaciones Internacionales de Problemas de Salud: Características generales

1. ¿Cuál de las siguientes no es una fase del sistema de información sanitaria?

a) Recolección de datos.
b) Procesado de datos.
c) Valoración de datos.
d) Análisis de la información.

2. ¿Cuál de las siguientes no es una etapa del diseño de un sistema de información sanitario?

a) Definición del sistema.
b) Análisis de la información.
c) Identificar niveles de decisión.
d) Identificar tipos de decisión.

3. Indica cuál de las siguientes es una fuente de información externa:

a) Registros del hospital.
b) Índices y registros diagnósticos.
c) Registros de nacimientos.
d) Registros de unidades de servicios.

4. ¿Cuál de las siguientes es una parte del sistema de información sanitaria?

a) Análisis de la información.
b) Identificación de los niveles de decisión.
c) Transmisión de los resultados.
d) Las opciones a y b son correctas.

5. ¿Cuál de las siguientes no es una fuente de información externa?

a) Padrón municipal.
b) Registros de nacimiento.
c) Servicios sociales personales.
d) Registros del hospital.

6. ¿Para qué sirven los registros de actividades?

a) Para hacer una evaluación de la actividad.
b) Para anotar los datos administrativos.
c) Para registrar el número de embarazos por mujer y año.
d) Todas son correctas.

7. Entre los documentos clínicos de uso hospitalario destacan:

a) Hoja de Ingreso.
b) Impreso de alta voluntaria.
c) Gráficas de constantes vitales.
d) Todas son correctas.

8. En el apartado Constantes Vitales de la hoja de gráfica se anotará:

a) La talla del paciente.
b) El peso del paciente.
c) La presión arterial del paciente.
d) La diuresis del paciente.

9. ¿Cuál de los siguientes no es un apartado del informe de alta de Enfermería?

a) Problemas no resueltos al alta.
b) Problemas que pueden aparecer posteriormente.
c) Observaciones.
d) Motivo de ingreso.

10. Las actividades propias de las consultas de Atención Primaria:

a) Son las actividades que se llevan a cabo en el Centro de Salud.
b) Son las actividades delegadas por el hospital, una vez que el paciente es dado de alta, para seguir su atención en el domicilio o en el Centro de Salud.
c) Son las actividades que tienen lugar en los domicilios de los pacientes.
d) Son las actividades realizadas en el Centro de Salud, en los domicilios de los pacientes o en otros ámbitos comunitarios.

11. En el anverso de la carpeta de Historia Clínica no aparece:

a) Composición del grupo familiar.
b) Nombre del Centro de Salud.
c) Tiempo de asentamiento en la localidad.
d) Apellido y nombre del cónyuge.

12. En el apartado de información social de una Historia Clínica no aparece:

a) Nombre y apellidos del enfermo.
b) Situación familiar.
c) Niveles de estudios.
d) Hábitos de vida inconvenientes.

13. ¿El acceso a la historia clínica con fines judiciales, epidemiológicos, de salud pública, de investigación o docencia se rige por?

a) Ley 16/2003, de 28 de mayo, de Cohesión y Calidad del Sistema Nacional de Salud.
b) Ley Orgánica 3/2018, de Protección de Datos Personales y garantía de los derechos digitales.
c) Ley 14/1986, General de Sanidad.
d) Las opciones b) y c) son correctas.

14. Indique la opción incorrecta. El derecho de acceso del paciente a la historia clínica:

a) Sólo puede ejercerse personalmente.
b) Permite al paciente obtener copias de los datos que figuran en la historia clínica.
c) Puede ejercerse por representación debidamente acreditada.
d) Las opciones b) y c) son incorrectas.

15. El personal de administración y gestión de los centros sanitarios puede acceder:

a) Sólo a aquellos datos de la historia clínica que consienta el paciente.
a) A todos los datos de la historia clínica.
c) Sólo a aquellos datos de la historia clínica relacionados con sus propias funciones.
d) Ninguna de las opciones anteriores es correcta.

16. Indique la opción correcta. Los centros sanitarios tienen la obligación de conservar la documentación clínica:

a) Como mínimo, cinco años contados desde la fecha del alta de cada proceso asistencial.
b) No necesariamente en el soporte original.
c) En condiciones que garanticen su correcto mantenimiento y seguridad.
d) Todas son correctas.

17. La cumplimentación de la historia clínica, en los aspectos relacionados con la asistencia directa al paciente, será responsabilidad:

a) De la dirección del centro sanitario.
b) De los profesionales que intervengan en ella.
c) Del centro asistencial.
d) Las opciones a) y b) son correctas.

18. El derecho de acceso del paciente a la documentación de la historia clínica:

a) Puede ejercitarse en cualquier caso.
b) No puede ejercitarse en perjuicio del derecho de terceras personas a la confidencialidad de los datos que constan en la historia clínica, en interés terapéutico del paciente.
c) No puede ejercitarse en perjuicio del derecho de los profesionales participantes en la elaboración de la historia clínica.
d) Las respuestas b) y c) son correctas.

19. ¿Qué sistema hospitalario del SESCAM integra historia clínica electrónica, pruebas diagnósticas, quirófanos y urgencias?

a) Turriano.
b) Ykonos.
c) Mambrino XXI.
d) BI-CLM.

20. ¿Qué plataforma del SESCAM permite la gestión, visualización y archivo de imágenes médicas como TAC o radiografías?

a) Mambrino XXI.
b) Ykonos.
c) Turriano.
d) Turrix.

En MADTEST tienes **más preguntas de este tema**, y todos tus avances quedan registrados y se reflejan en el ranking.

¡Supera tus límites con MADTEST!

Solución al test n.º 12

1. c) Valoración de datos.

2. b) Análisis de la información.

3. c) Registros de nacimientos.

4. d) Las opciones a y b son correctas.

5. d) Registros del hospital.

6. d) Todas son correctas.

7. d) Todas son correctas.

8. c) La presión arterial del paciente.

9. b) Problemas que pueden aparecer posteriormente.

10. d) Son las actividades realizadas en el Centro de Salud, en los domicilios de los pacientes o en otros ámbitos comunitarios.

11. a) Composición del grupo familiar.

12. d) Hábitos de vida inconvenientes.

13. d) Las opciones b) y c) son correctas.

14. a) Sólo puede ejercerse personalmente.

15. c) Sólo a aquellos datos de la historia clínica relacionados con sus propias funciones.

16. d) Todas son correctas.

17. b) De los profesionales que intervengan en ella.

18. d) Las respuestas b) y c) son correctas.

19. c) Mambrino XXI.

20. b) Ykonos.

Principios fundamentales de la Bioética: Dilemas éticos. Código Deontológico de la Enfermería Española. El secreto profesional: Concepto y regulación jurídica. Declaración de Voluntades Anticipadas en materia de la propia salud. Ley de autonomía del paciente y de derechos y obligaciones en materia de información y documentación clínica. Objeción de conciencia

1. ¿Qué conceptos de estos configuran el paradigma enfermero?

a) Los conceptos de cuidado y persona.
b) Los conceptos de persona y salud.
c) Los conceptos de cuidado, persona y salud.
d) Los conceptos de cuidado, persona, salud y de entorno.

2. Todo lo que se expone de las características de las normas éticas es cierto, excepto:

a) Las normas han de cumplirse obligatoriamente, están positivadas y obviamente están ligadas al Estado.
b) Su cumplimiento o no, no tienen repercusión social ni jurídica.
c) Son cumplidas mediante el convencimiento interno.
d) Se pueden plasmar escritas en códigos deontológicos cuyo cumplimiento es exigido de alguna manera por organizaciones colegiales o asociaciones profesionales.

3. ¿A qué se denomina un conjunto de creencias importantes, que se han ido consensuando a lo largo del tiempo y tienen verdadera importancia a nivel universal o bien a nivel regional en una cultura o pueblo?

a) Costumbre.
b) Cultura.
c) Valores.
d) Civismo.

4. ¿Qué aspecto o cuestión posee valor extrínseco?

a) Aire.
b) Agua.
c) Salud.
d) Alimentos.

5. ¿Cómo se denominan los valores del sujeto, que se refieren primordialmente a aquellos que contribuyen al mantenimiento de la vida?

a) Valores Básicos.
b) Valores Extrínsecos.
c) Valores Intrínsecos.
d) Valores Vitales.

6. ¿Cómo se denomina cuando un asalto se produce de forma que se toca o afecta el cuerpo de otra persona sin su debido consentimiento?

a) Agravio.
b) Imprudencia.
c) Negligencia.
d) Agresión.

7. ¿Cuál de estos no es un componente básico de los 8 que cita Mayeroff a desarrollar para disponer de la capacidad de cuidar?

a) Confianza.
b) Prudencia.
c) Paciencia.
d) Honestidad y humildad.

8. ¿Sobre qué principios se apoya toda la asistencia sanitaria?

a) Beneficencia y Autonomía.
b) Beneficencia y Justicia.
c) Autonomía, Beneficencia y Justicia.
d) Autonomía, Beneficencia, no maleficencia y Justicia.

9. ¿Qué principio ético incumple el encarnizamiento u obstinación terapéutica?

a) Autonomía.
b) No maleficencia.
c) Beneficencia.
d) Justicia.

10. ¿En qué capítulo del código deontológico de enfermería se exponen los deberes de la profesión?

a) II.
b) IV.
c) IX.
d) XV.

11. El tiempo de vigencia del secreto profesional es hasta:

a) La duración de la relación con el paciente.
b) Toda la vida del paciente.
c) Los tres meses después de la relación con el paciente.
d) Incluso hasta después de la muerte del paciente.

12. Está obligado a guardar secreto profesional:

a) El médico especialista.
b) El médico y el técnico especialista.
c) Todos los que intervengan en la acción sanitaria del paciente.
d) El médico, el técnico especialista, el enfermero y el auxiliar de enfermería.

13. El tiempo de vigencia del secreto profesional es hasta:

a) La duración de la relación con el paciente.
b) Toda la vida del paciente.
c) Los tres meses después de la relación con el paciente.
d) Incluso hasta después de la muerte del paciente.

14. ¿Qué condición es aquella que posee el secreto profesional del deber de guardar el hecho conocido cuando este pueda producir resultados nocivos o injustos sobre el paciente si se viola el mismo?

a) Condición moral.
b) Condición jurídica.
c) Condición legal.
d) Condición legítima.

15. ¿Qué circunstancia no es objeto de secreto profesional?

a) Confidencias del paciente, aunque sean ajenas a lo profesional.
b) Los datos sobre salud y enfermedad del paciente.
c) Cuando reconozca a un cadáver que se sospeche que ha podido morir como consecuencia de algún acto delictivo, en tal caso, se da parte a la justicia.
d) Todos los datos que se conocen por causa del trabajo realizado con o sin autorización y consentimiento del paciente.

16. ¿En qué artículo de la Constitución española se establece que la ley regulará el derecho a la cláusula de conciencia y al secreto profesional en el ejercicio de estas libertades?

a) En el artículo 18.
b) En el artículo 19.
c) En el artículo 20.
d) En el artículo 21.

17. El hecho del quebranto de la debida reserva respecto a datos relativos al centro o institución o a la intimidad personal de los usuarios y a la información relacionada con su proceso y estancia en las instituciones o centros sanitarios, recogido en el Estatuto Marco del personal estatutario de los Servicios de Salud es considerado como constitutivo de:

a) Delito a la salud.
b) Falta disciplinaria muy grave.
c) Falta disciplinaria grave.
d) Falta disciplinaria leve.

18. La violación del secreto profesional puede ocasionar:

a) Exclusivamente responsabilidad civil.
b) Exclusivamente responsabilidad penal.
c) Responsabilidad civil y responsabilidad penal.
d) Responsabilidad profesional o estatutaria, responsabilidad civil y responsabilidad penal.

19. Según la Ley Orgánica 3/2021, ¿qué deben hacer los profesionales sanitarios para ejercer su derecho a objetar en relación con la eutanasia?

a) Solicitarlo verbalmente al gerente.
b) Notificarlo al paciente.
c) Presentar una declaración anticipada y por escrito.
d) Comunicarlo a los familiares del paciente.

20. ¿Qué requisitos debe cumplir una persona para poder realizar una declaración de voluntades anticipadas?

a) Ser menor de edad y contar con tutor legal.
b) Tener nacionalidad española.
c) Ser mayor de edad, actuar libremente y no estar incapacitada judicialmente.
d) Tener un diagnóstico terminal.

En MADTEST tienes **más preguntas de este tema**, y todos tus avances quedan registrados y se reflejan en el ranking.

¡Supera tus límites con MADTEST!

Solución al test n.º 13

1. d) Cuidado, persona, salud y de entorno.

2. a) Las normas han de cumplirse obligatoriamente, están positivadas y obviamente están ligadas al Estado.

3. c) Valores.

4. c) Salud.

5. c) Valores Intrínsecos.

6. d) Agresión.

7. b) Prudencia.

8. c) Autonomía, Beneficencia y Justicia.

9. b) No maleficencia.

10. a) II.

11. d) Incluso hasta después de la muerte del paciente.

12. c) Todos los que intervengan en la acción sanitaria del paciente.

13. d) Incluso hasta después de la muerte del paciente.

14. a) Condición moral.

15. c) Cuando reconozca a un cadáver que se sospeche que ha podido morir como consecuencia de algún acto delictivo, en tal caso, se da parte a la justicia.

16. c) En el artículo 20.

17. b) Falta disciplinaria muy grave.

18. d) Responsabilidad profesional o estatutaria, responsabilidad civil y responsabilidad penal.

19. c) Presentar una declaración anticipada y por escrito.

20. c) Ser mayor de edad, actuar libremente y no estar incapacitada judicialmente.

Calidad asistencial: definición y dimensiones. Evaluación y mejora continua de la calidad asistencial. La satisfacción del usuario. Tendencias actuales de evaluación de calidad de los cuidados enfermeros. Plan de Calidad para el Sistema Nacional de Salud: áreas de actuación y estrategias. Seguridad del paciente: identificación de efectos adversos. Evitabilidad e impacto. Análisis de eventos adversos. Sistemas de notificación. Estrategia de Seguridad del Paciente de Castilla-La Mancha

1. Según Cotte, la calidad consiste en la comparación de la percepción del servicio recibido, con las expectativas que de ese tenían. ¿Cómo relaciona el autor estos tres términos?

a) Calidad = Percepción – Expectativas.
b) Calidad = Expectativas – Percepción.
c) Calidad = Expectativas + Percepción.
d) Calidad = Expectativas x Percepción.

2. ¿Cuál de los siguientes aspectos no se incorpora en la gestión de la calidad total de los servicios sanitarios?

a) Reducción de costes.
b) Implicación de los profesionales.
c) Nivel científico técnico.
d) Satisfacción de los usuarios.

3. Todos los enunciados hacen referencia a la Calidad, pero cuál de ellos implica la ejecución periódica y sistemática de medidas correctoras y la posterior evaluación de lo realizado.

a) Control de calidad.
b) Garantía de calidad.
c) Evaluación de calidad.
d) Normas de calidad.

4. Según la fórmula de Cotte, que relaciona la calidad con la comparación de la percepción del servicio recibido y con las expectativas que de ese tenían. ¿Cómo sería un servicio en el que la percepción es mucho mayor que las expectativas?

a) De mala calidad.
b) De excelente calidad.
c) De buena calidad.
d) No es un factor que influya.

5. Indicar a qué enunciado corresponde la siguiente definición: "Su herramienta fundamental es la gestión por procesos asistenciales, que supone la atención y respuesta única del sistema sanitario ya que centra las actuaciones en el usuario, implica a los profesionales como principales protagonistas del cambio y facilita la continuidad asistencial. Incorpora los siguientes aspectos: satisfacción de usuarios, implicación de los profesionales, mejora continua de las actividades y reducción de costes".

a) Control de calidad.
b) Garantía de calidad.
c) Gestión de la calidad total.
d) Calidad total.

6. El doctor Avedis Donabedian equipara la atención sanitaria con una línea de producción en la que, a partir de la utilización de unos determinados recursos, se pretende generar salud. ¿Qué aspectos propone que se analicen?

a) Eficacia, eficiencia y efectividad.
b) Estructura, proceso y resultados.
c) Nivel técnico, satisfacción y accesibilidad.
d) Adecuación, continuidad y equidad.

7. ¿En qué apartado del Modelo de Producción propuesto por el doctor Avedis Donabedian se evalúa de forma genérica el conjunto de actividades que los profesionales de la salud realizan con el enfermo, incluyendo habitualmente las respuestas de éste?

a) En el resultado.
b) En el proceso.
c) En la eficacia.
d) En la eficiencia.

8. ¿En qué apartado del Modelo de Producción propuesto por el doctor Avedis Donabedian se valoran las características externas del entorno en que se presta la atención sanitaria?

a) En la accesibilidad.
b) En la estructura.
c) En la adecuación.
d) En los procesos.

9. ¿Cuál de los siguientes enunciados no corresponde con alguno de los atributos que debe tener un indicador para que sea considerado como bueno?

a) Sensibilidad.
b) Fiabilidad.
c) Validez.
d) Eficacia.

10. ¿Qué define la OMS como la ausencia de un daño innecesario real o potencial asociado a la atención sanitaria?

a) Protección del paciente.
b) Protección sanitaria.
c) Seguridad del paciente.
d) Prevención de riesgos clínicos.

11. El término Seguridad del Paciente reconocido por la OMS como un componente clave de la calidad y un derecho de los pacientes es sinónimo de:

a) Protección del paciente.
b) Protección sanitaria.
c) Seguridad clínica.
d) Defensa del usuario.

12. ¿Cuál de estos es un objetivo de una práctica clínica segura?

a) Realizar los procedimientos clínicos, diagnósticos y terapéuticos correctamente y sin errores.
b) Asegurar que los procedimientos clínicos, diagnósticos y terapéuticos se aplican a quien los necesita.
c) Identificar qué procedimientos clínicos, diagnósticos y terapéuticos son los más seguros y eficaces para los pacientes.
d) Son todos los anteriores.

13. ¿Cuántos incidentes propone la Clasificación Internacional para la Seguridad del Paciente (CISP)?

a) 6.
b) 13.
c) 18.
d) 27.

14. ¿Cómo se denomina el modelo que explica un accidente en la práctica clínica como la superposición o coincidencia de fallas en diferentes niveles de la organización en un mismo momento?

a) Modelo del fenómeno en cascada.
b) Modelo de caídas de fichas de dominó.

c) Modelo del queso suizo.
d) Modelo del revés terapéutico.

15. ¿Dónde se inician a nivel de trayectoria la causa de un accidente, desde el punto de vista de la investigación?

a) Factores organizacionales.
b) Factores desencadenantes.
c) Factores precipitantes.
d) Factores condicionantes.

16. ¿Qué prevención de los sucesos adversos debe preceder a su aparición y tiene como finalidad reducir su incidencia?

a) Prevención Primaria.
b) Prevención Secundaria.
c) Prevención Terciaria.
d) Prevención Cuaternaria.

17. Cuando intentamos prevenir circunstancias que ocurren en la clínica derivadas de efectos adversos, como por ejemplo: incapacidad, dolor, complicaciones clínicas, litigios... estamos procurando realizar una prevención:

a) Primaria.
b) Secundaria.
c) Terciaria.
d) Cuaternaria.

18. La prevención cuaternaria de efectos adversos:

a) Se lleva a cabo mediante acciones creadas para evitar las consecuencias del intervencionismo médico excesivo, innecesario y sobre el que existe insuficiente evidencia y alternativas éticamente aceptables.
b) Se lleva a cabo mediante acciones creadas para reducir el impacto de los mismos
c) Se lleva a cabo mediante acciones creadas para disminuir las consecuencias derivadas del efecto adverso.
d) No existe.

19. ¿Cuál de los siguientes elementos forma parte de los ejes clave de la nueva Estrategia de Seguridad del Paciente 2024–2030 del SESCAM?

a) Centralización de las listas de espera quirúrgica.
b) Aumento de la privatización de los servicios sanitarios.
c) Sistema de notificación y aprendizaje de incidentes.
d) Eliminación de protocolos clínicos.

20. ¿Qué busca lograr la implementación del proyecto Código Sepsis dentro de la estrategia de seguridad del paciente?

a) Reducir el tiempo de ingreso hospitalario.
b) Aumentar el uso de antibióticos de amplio espectro.
c) Detectar y tratar la sepsis de forma rápida y eficaz.
d) Derivar todos los casos al especialista en medicina intensiva.

En MADTEST tienes **más preguntas de este tema**, y todos tus avances quedan registrados y se reflejan en el ranking.

¡Supera tus límites con MADTEST!

Solución al test n.º 14

1. a) Calidad = Percepción – Expectativas.

2. c) Nivel científico técnico.

3. b) Garantía de calidad.

4. b) De excelente calidad.

5. c) Gestión de la calidad total.

6. b) Estructura, proceso y resultados.

7. b) En el proceso.

8. b) En la estructura.

9. d) Eficacia.

10. c) Seguridad del paciente.

11. c) Seguridad clínica.

12. d) Son todos los anteriores.

13. b) 13.

14. c) Modelo del queso suizo.

15. a) Factores organizacionales.

16. a) Prevención Primaria.

17. c) Terciaria.

18. c) Sistema de notificación y aprendizaje de incidentes.

19. c) Detectar y tratar la sepsis de forma rápida y eficaz.

20. a) Se lleva a cabo mediante acciones creadas para evitar las consecuencias del intervencionismo médico excesivo, innecesario y sobre el que existe insuficiente evidencia y alternativas éticamente aceptables.

TEST N.º 15

Metodología de Investigación Básica e Investigación Aplicada. Estudios descriptivos y analíticos. Estudios de procesos y resultados. Estructura metodológica de un trabajo científico. Fuentes de datos. Enfermería basada en la evidencia. Niveles de evidencia y grados de recomendación. Bases de datos bibliográficas, fuentes documentales y revisión bibliográfica. Análisis crítico de la evidencia. Guías de práctica clínica. Investigación e innovación en ciencias de la Salud

1. ¿Cuál de las siguientes opciones no es característica del método científico?

a) Control.
b) Empirismo.
c) Sistematización.
d) Todas las opciones anteriores son correctas.

2. En cuanto la metodología de la investigación, las limitaciones del método científico son:

a) No tiene limitaciones.
b) El consentimiento informado de los participantes no es obligatorio.
c) Problemas morales o éticos.
d) Las opciones a y b son verdaderas.

3. En cuanto la metodología de la investigación, la actividad investigadora debe centrarse en:

a) Descripción o exploración.
b) Búsqueda de causalidad.
c) Asegurar la confidencialidad.
d) Todas las opciones anteriores son correctas.

4. ¿Cuál de las siguientes no constituye una etapa en un proceso de investigación?

a) Recogida de datos.
b) Fase preliminar.
c) Fase de planificación.
d) Fase de la hipótesis.

5. Tomando como referencia la estructura metodológica de un trabajo científico, la formulación de hipótesis y objetivos del estudio se encuentran recogidas en la fase de:

a) Preparación.
b) Planificación.
c) Análisis e interpretación de los resultados.
d) Recogida de datos.

6. En cuanto a la estructura metodológica de un trabajo científico, el cronograma de actividades se lleva a cabo en la fase:

a) De recogida de datos.
b) De análisis e interpretación de los resultados.
c) Preliminar.
d) De planificación.

7. ¿Cuál de estas intervenciones enfermeras independientes no consideras adecuada por su mayor costo en la Enfermería basada en la evidencia (EBE)?

a) Promoción de autocuidados.
b) Fomento de la Educación para la Salud.
c) Uso de medicación basada en la intuición y en la experiencia clínica no sistemática.
d) Apoyo emocional.

8. ¿Qué afirmación respecto a la EBE no es cierta?

a) Existen multitud de estudios que demuestran la eficiencia de las intervenciones de enfermería frente a los médicos y con ello se demuestra la rentabilidad de los enfermeros dentro de los sistemas de salud.
b) La investigación cualitativa abre nuevas situaciones en las cuales los enfermeros pueden hablar y aportar soluciones.
c) La investigación cualitativa no se complementa con la cuantitativa, por ello hay que darle una mayor prelación a la hora de toma de decisiones clínicas.
d) La investigación cualitativa junto a la cuantitativa ayudan a entender mejor la realidad del paciente, de su familia o de los propios sistemas de salud.

9. La aplicación de la EBE debería tener capacidad para:

a) Dar respuesta a los problemas importantes de la práctica de los enfermeros y adaptar las evidencias cuantitativas y cualitativas.
b) Transformarse en acción para el cambio y resaltar un enfoque crítico, reflexivo e independiente.
c) Conciliar el metaparadigma de los enfermeros: persona, cuidados, salud y entorno.
d) Debería tener capacidad para todo lo anteriormente dicho.

10. Los ensayos clínicos controlados y aleatorizados de muestra grande poseerán en cuanto a calidad de la evidencia científica en la MBE el adjetivo de:

a) Bueno.
b) Regular.
c) Malo.
d) Muy malo.

11. ¿Qué grado se le otorga a los procedimientos médicos, respecto a la calidad de la evidencia científica, calificados como bueno? Grado:

a) A.
b) B.
c) C.
d) D.

12. Empatía afectiva:

a) Ayuda a ver los problemas desde otra perspectiva.
b) Es la capacidad para transmitir al paciente que sus sentimientos son comprendidos.
c) Es aquella que implica la existencia de una transmisión de apoyo emocional y de sentimientos de seguridad.
d) No existe.

13. ¿Cuál es la última fase del método observacional?

a) Comunicación de los resultados.
b) Observación de un problema.
c) Análisis del problema.
d) Interpretación y su evaluación.

14. ¿Cuál de estos es un índice de tendencia central empleado en análisis estadísticos?

a) Mediana.
b) Varianza.

c) Desviación típica.
d) Coeficiente de variación (C.V.).

15. Una entrevista directa es aquella:

a) En la que se manifiesta en la pregunta de manera explícita el sentido de la misma.
b) En la que cada pregunta o respuesta puede tener un sentido o significado distinto al que aparenta realmente.
c) En la que existe una estructuración y su objetivo es la recogida de datos de forma rápida.
d) En la que se plantea un problema o aspecto concreto que plantea el entrevistado.

16. ¿Cómo se denomina el muestreo aleatorio donde queremos que haya una representación proporcional de cada grupo o estrato en que la población está dividida?

a) Muestreo aleatorio simple.
b) Muestreo aleatorio por conglomerado.
c) Muestreo aleatorio estratificado.
d) Muestreo aleatorio por etapas.

17. ¿Qué concepto en investigación hace referencia a la posibilidad, de generalizar las conclusiones de la investigación, así como su utilidad práctica, bien en la clínica, la planificación, la organización, la política, etc.?

a) Fiabilidad.
b) Validez.
c) Exactitud.
d) Confiabilidad.

18. ¿Qué término en un proceso de investigación hace referencia a la cualidad de haber seguido escrupulosamente los pasos durante el mismo?

a) Validez.
b) Efectividad.
c) Trasparencia.
d) Fiabilidad.

19. ¿Cuál es el principal objetivo del Instituto de Investigación Sanitaria de Castilla-La Mancha (IDISCAM)?

a) Formar especialistas en traumatología.
b) Promover la investigación clínica y traslacional en la región.
c) Gestionar la historia clínica electrónica.
d) Controlar las listas de espera hospitalaria.

20. ¿Qué tecnología permite analizar imágenes médicas para el diagnóstico precoz mediante algoritmos?

a) Terapia génica.
b) Impresión 3D.
c) Inteligencia Artificial (IA).
d) Realidad Aumentada (RA).

En MADTEST tienes **más preguntas de este tema**, y todos tus avances quedan registrados y se reflejan en el ranking.

¡Supera tus límites con MADTEST!

Solución al test n.º 15

1. d) Todas las opciones anteriores son correctas.

2. c) Problemas morales o éticos.

3. d) Todas las opciones anteriores son correctas.

4. d) Fase de la hipótesis.

5. c) Análisis e interpretación de los resultados.

6. d) De planificación.

7. c) Uso de medicación basada en la intuición y en la experiencia clínica no sistemática.

8. c) La investigación cualitativa no se complementa con la cuantitativa, por ello hay que darle una mayor prelación a la hora de toma de decisiones clínicas.

9. d) Debería tener capacidad para todo lo anteriormente dicho.

10. a) Bueno.

11. a) A.

12. b) Es la capacidad para transmitir al paciente que sus sentimientos son comprendidos.

13. a) Comunicación de los resultados.

14. a) Mediana.

15. a) En la que se manifiesta en la pregunta de manera explícita el sentido de la misma.

16. c) Estratificado.

17. b) Validez.

18. d) Fiabilidad.

19. b) Promover la investigación clínica y traslacional en la región.

20. c) Inteligencia Artificial (IA).

Salud Pública: concepto. Salud y enfermedad: concepto. Indicadores de salud por edad y sexo: morbilidad, mortalidad, letalidad y esperanza de vida. Principales problemas de salud en la población española actual. Elementos de priorización: magnitud, trascendencia, vulnerabilidad y coste

1. ¿Cuál era la nacionalidad de Lemuel Shattuck?

a) Inglesa.
b) Española.
c) Estadounidense.
d) Galesa.

2. La era bacteriológica de la Salud Pública aparece en:

a) La primera mitad del siglo XX.
b) A mediados del siglo XX.
c) A mediados del siglo XIX.
d) La primera mitad del siglo XIX.

3. Respecto al concepto de ecología, una de las siguientes afirmaciones es correcta:

a) El término procede del griego oikos, que significa casa.
b) Fue acuñado por Haeckel, biólogo alemán del s. XIX.
c) Estudia las relaciones de los seres vivos entre sí y de éstos con el mundo que les rodea.
d) Es una ciencia puramente biológica sin conexión con las ciencias humanas.

4. Sólo una de las siguientes afirmaciones coincide con el concepto de ecosistema:

a) El espacio vital que ocupa una comunidad biológica.
b) Grupo de individuos de una misma especie que habitan una área determinada.
c) Conjunto formado por una comunidad de seres vivos que viven en relación entre sí y con el medio ambiente que les rodea.
d) La masa total de componentes vivos de un sistema ecológico.

5. ¿Cómo se denomina la ciencia que estudia las relaciones de las poblaciones con el medio ambiente?

a) Sinecología.
b) Demoecología.
c) Autoecología.
d) Ecología simplemente.

6. ¿Cuál de las siguientes son factores determinantes de la aparición de enfermedades?

a) Los hábitos (estilo de vida).
b) Genética.
c) Los sistemas de salud.
d) Todos.

7. Cuando el individuo refiere síntomas de enfermedad y además aparecen signos objetivables de la misma se habla de periodo:

a) Clínico.
b) Subclínico.
c) Estado.
d) Son correctas las respuestas a) y c).

8. ¿Cuál de los factores determinantes de la salud debe ser abordado desde la educación para la salud?

a) Biología humana.
b) Medio ambiente.
c) Los estilos de vida.
d) La Atención Primaria de Salud.

9. El nuevo concepto de salud plantea un enfoque:

a) Estático-ecológico.
b) Dinámico-ecológico.
c) Estático-biológico.
d) Bioestático.

10. De las siguientes afirmaciones sobre la enfermedad, ¿cuál es correcta?

a) Un signo es una manifestación subjetiva y por tanto difícil de cuantificar.
b) Un síntoma es una manifestación objetiva y mensurable de enfermedad.
c) Un síndrome es un conjunto de signos y síntomas que caracterizan y definen a una determinada enfermedad.
d) La enfermedad es una alteración del estado y/o funcionamiento que se manifiesta sólo por signos.

11. Entre las fases de la enfermedad, no se encuentra:

a) Periodo de latencia.
b) Fase prodrómica.
c) Fase postpandrial.
d) Periodo de estado.

12. Tomando como referencia la clasificación de las enfermedades por su patogenia. Entre las alteraciones celulares, podemos encontrar:

a) Atrofia.
b) Hipertrofia.
c) Tumores.
d) Todas son correctas.

13. En la Tasa Bruta de Mortalidad, la población total se refiere a la estimada:

a) A primeros de año del estudio.
b) A mediados de año del estudio.
c) A fecha de 1 de julio.
d) b y c son correctas.

14. La Tasa de Mortalidad específica más utilizada es:

a) Sexo.
b) Edad.
c) Causa de defunción.
d) Estatus social.

15. La fórmula siguiente hace referencia al indicador denominado:

$$\frac{\text{Número de defunciones por una patología}}{\text{Número de enfermos por esa patología}} \times 100$$

Se denomina:

a) Tasa de Mortalidad específica por causas.
b) Tasa de Mortalidad bruta.
c) Índice de mortalidad proporcional.
d) Letalidad.

16. Según la Clasificación Internacional de Enfermedades, la defunción materna se produce:

a) Cuando la mujer está embarazada.
b) En las primeras 72 horas siguientes al fin de la gestación.

c) En las primeras 42 horas siguientes al fin de la gestación.
d) a y c son correctas.

17. La fórmula:

$$\frac{\text{Número de muertos entre 1 semana y 1 mes de vida}}{\text{Número nacidos vivos en un año}} \times 1000$$

Se denomina:

a) Tasa de Mortalidad Neonatal.
b) Tasa de Mortalidad Postneonatal.
c) Tasa de Mortalidad Neonatal Precoz.
d) Tasa de Mortalidad Neonatal Tardía.

18. La fórmula:

$$\frac{\text{Número de defunciones en nacidos vivos antes de 28 días, en un año}}{\text{Total de recién nacidos vivos en un año}} \times 1000$$

Se denomina:

a) Tasa de Mortalidad Neonatal.
b) Tasa de Mortalidad Postneonatal.
c) Tasa de Mortalidad Neonatal Precoz.
d) Tasa de Mortalidad Neonatal Tardía.

19. La fórmula:

$$\frac{\text{Número de fallecidos entre 28 días y 1 año de vida, en un año}}{\text{Número nacidos vivos en un año}} \times 1000$$

Se denomina:

a) Tasa de Mortalidad Neonatal.
b) Tasa de Mortalidad Postneonatal.
c) Tasa de Mortalidad Neonatal Precoz.
d) Tasa de Mortalidad Neonatal Tardía.

20. ¿Cuál de los siguientes criterios de priorización de problemas de salud viene determinado por la severidad y el impacto social del problema?

a) Magnitud del problema.
b) Trascendencia.
c) Vulnerabilidad.
d) Coste-efectividad.

Solución al test n.º 16

1. c) Estadounidense.

2. c) A mediados del siglo XIX.

3. c) Estudia las relaciones de los seres vivos entre sí y de éstos con el mundo que les rodea.

4. c) Conjunto formado por una comunidad de seres vivos que viven en relación entre sí y con el medio ambiente que les rodea.

5. b) Demoecología.

6. d) Todos.

7. d) Son correctas las respuestas a y c.

8. c) Los estilos de vida.

9. b) Dinámico-ecológico.

10. c) Un síndrome es un conjunto de signos y síntomas que caracterizan y definen a una determinada enfermedad.

11. c) Fase postpandrial.

12. d) Todas son correctas.

13. d) b y c son correctas.

14. b) Edad.

15. d) Letalidad.

16. d) a y c son correctas.

17. d) Tasa de Mortalidad Neonatal Tardía.

18. a) Tasa de Mortalidad Neonatal.

19. b) Tasa de Mortalidad Postneonatal.

20. b) Trascendencia.

Epidemiología: concepto. El método epidemiológico. Diseños epidemiológicos. Enfermedades transmisibles de mayor incidencia en la población española: tipos y características. Sistema Nacional de Vigilancia Epidemiológica. Enfermedades de declaración obligatoria

1. Respecto al concepto actual de epidemiología, señala la respuesta correcta:

a) No es ni microbiología, ni estadística aplicada.
b) No sólo se interesa por las enfermedades contagiosas.
c) No es la ciencia de las grandes epidemias.
d) Todas las respuestas anteriores son correctas.

2. Los fines teóricos de la Epidemiología incluyen:

a) Descubrir la causa por la que aparece y persiste una enfermedad.
b) Evaluar la eficacia de los programas de salud.
c) Reforzar los criterios de juicio en clínica y en salud comunitaria.
d) Contribuir a la elección de los mejores métodos diagnósticos.

3. Según Martín Zurro, las aplicaciones de la epidemiología incluyen:

a) La evaluación de la eficacia de las intervenciones sanitarias se realiza fundamentalmente a través de los estudios experimentales.
b) El análisis de la situación de salud en una comunidad se realiza por medio de las medidas de frecuencia.
c) En la investigación de los factores de riesgo de la enfermedad son muy útiles las medidas de impacto y los estudios descriptivos.
d) Todas las respuestas anteriores son correctas.

4. El método epidemiológico no incluye una de las siguientes etapas; indica cuál:

a) Etapa analítica.
b) Etapa experimental.
c) Etapa resolutiva.
d) Etapa descriptiva.

5. A la hora de verificar la hipótesis epidemiológica deberá tenerse en cuenta:

a) Exactitud.
b) Validez de la información.
c) Reproducción del estudio.
d) Todas las respuestas anteriores son correctas.

6. La observación del fenómeno se incluye en la etapa:

a) Analítica.
b) Resolutiva.
c) Experimental.
d) Ninguna de las opciones anteriores es correcta.

7. La puesta en marcha de las medidas de prevención de la enfermedad se incluye en la etapa:

a) Experimental.
b) Descriptiva.
c) Analítica.
d) Resolutiva.

8. Los objetivos primarios de la epidemiología incluyen:

a) Descripción de la historia natural de la enfermedad.
b) Comprensión de las causas de la enfermedad.
c) Explicación de los patrones locales de la enfermedad.
d) Todas las respuestas anteriores son correctas.

9. La normativa que recoge la creación de la Red Nacional de Vigilancia Epidemiológica se corresponde con:

a) Real Decreto 2210/1995.
b) Real Decreto 3250/1997.
c) Real Decreto 5030/1989.
d) Ninguna de las opciones anteriores es correcta.

10. Señale la opción incorrecta. Las funciones de la Red Nacional de Vigilancia Epidemiológica incluyen:

a) Servir de base para la elaboración de estadísticas para fines estatales.
b) Aporte de información operativa para la planificación.
c) Identificación de los problemas de salud de interés individual en términos de epidemia, endemia y riesgo.
d) Difusión de la información a los niveles operativos competentes.

11. Señale la opción incorrecta, respecto a los sistemas específicos de vigilancia epidemiológica:

a) Se basan en sistemas de registros de casos.
b) Están integrados por la notificación obligatoria de enfermedades.
c) Se aplican a la vigilancia epidemiológica del SIDA y de otras patologías inmunopre-venibles.
d) Están basados en encuestas de seroprevalencia y sistemas centinelas.

12. La declaración obligatoria corresponde realizarla a:

a) Cualquier profesional sanitario.
b) Coordinador de enfermería del sector público.
c) Farmacéuticos y médicos del sector privado.
d) Médicos en ejercicio, tanto del sector público como privado.

13. ¿Qué suceso de estos es considerado en Salud Pública una urgencia?

a) La aparición de un brote epidémico de una enfermedad.
b) La intoxicación etílica de un sujeto.
c) El padecimiento de tétanos exclusivamente por un solo individuo.
d) Todo lo anterior.

14. ¿Qué característica no reúne la consideración de brote epidémico?

a) La presencia de dos o más casos de la misma enfermedad o problema de Salud con relación epidemiológica entre ellos.
b) La aparición de un solo caso de cualquier enfermedad nueva o problema de salud o riesgo no habitual en la zona.
c) La presencia de dos o más casos de la misma enfermedad, que estén derivados de una posible causa común, que pueda presentar riesgo potencial o real para la salud pública.
d) Todo lo anterior reúne la consideración de brote epidémico.

15. Los brotes epidémicos de cualquier etiología deben ser notificados en la:

a) Dirección de Salud de Área.
b) Dirección de Salud Pública de Distrito.
c) Consejería de Asuntos Sociales.
d) Consejería de Sanidad.

16. ¿En qué momento dentro de la detección deben ser notificados todos los brotes epidémicos de cualquier etiología?

a) Dentro de las 12 horas siguientes a su detección.
b) Dentro de las 24 horas siguientes a su detección.

c) Dentro de las 72 horas siguientes a su detección.
d) Al mes de su detección.

17. ¿Cuál debe ser la primera etapa en la investigación de un brote epidémico?

a) Síntesis y resumen de la información obtenida.
b) Formulación y comprobación de hipótesis.
c) Recogida de información y propuesta de medidas de control iniciales.
d) Informes y propuestas de medidas de control definitivas.

18. ¿Mediante qué medio se llevará a cabo la recogida de información y propuesta de medidas de control iniciales, en un brote epidémico si se trata de una EDO (Enfermedad de Declaración Obligatoria)?

a) Entrevista.
b) Cuestionario simple.
c) Encuesta epidemiológica.
d) Cualquier procedimiento que considere el epidemiólogo.

19. ¿Cómo se denominan a las personas que NO presentan la enfermedad definida y causante de un brote epidémico, independientemente de que hayan estado expuestas o no a la causa o riesgo sospechoso?

a) Casos.
b) No casos.
c) Controles.
d) Testigos.

20. ¿Cuál es el plazo máximo para la realización del informe final de un brote epidémico?

a) 1 semana.
b) 1 mes.
c) 2 meses.
d) 6 meses.

En MADTEST tienes **más preguntas de este tema**, y todos tus avances quedan registrados y se reflejan en el ranking.

¡Supera tus límites con MADTEST!

Solución al test n.º 17

1. d) Todas las respuestas anteriores son correctas.

2. c) Reforzar los criterios de juicio en clínica y en salud comunitaria.

3. d) Todas las respuestas anteriores son correctas.

4. c) Etapa resolutiva.

5. d) Todas las respuestas anteriores son correctas.

6. d) Ninguna de las opciones anteriores es correcta.

7. a) Experimental.

8. d) Todas las respuestas anteriores son correctas.

9. a) Real Decreto 2210/1995.

10. c) Identificación de los problemas de salud de interés individual en términos de epidemia, endemia y riesgo.

11. b) Están integrados por la notificación obligatoria de enfermedades.

12. d) Médicos en ejercicio, tanto del sector público como privado.

13. a) La aparición de un brote epidémico de una enfermedad.

14. d) Todo lo anterior reúne la consideración de brote epidémico.

15. a) Dirección de Salud de Área.

16. b) Dentro de las 24 horas siguientes a su detección.

17. c) Recogida de información y propuesta de medidas de control iniciales.

18. c) Encuesta epidemiológica.

19. b) No casos.

20. c) 2 meses.

TEST N.º 18

Demografía Sanitaria: concepto y tendencias de la población española. Indicadores demográficos y su utilidad para el trabajo enfermero: natalidad, fecundidad, mortalidad, migraciones, crecimiento vegetativo

1. Tomando como referencia la demografía sanitaria, señala la respuesta correcta:

a) El denominador de la mortalidad neonatal incluye al total de nacimientos.
b) La mortalidad infantil incluye las muertes durante el primer año de vida.
c) La mortalidad neonatal comprende las muertes en las últimas semanas de gestación y los 28 primeros días de la vida.
d) La mortalidad posneonatal incluye las muertes entre el nacimiento y las 24 horas de vida.

2. ¿Cómo denominamos a la parte de la demografía que se ocupa del conocimiento estructural de la población en un momento dado; cuántos, quiénes son y dónde viven los habitantes de la población considerada?

a) Demografía estructural.
b) Demografía estática.
c) Demografía dinámica.
d) Demografía migratoria.

3. ¿Cómo denominamos a la población que está realmente presente en el territorio considerado (está formada por los residentes presentes y por los transeúntes, que serán residentes ausentes de otros sitios?

a) Población de hecho.
b) Población legal.
c) Población de derecho.
d) Población empadronada.

4. En demografía sanitaria, la muerte neonatal es la que ocurre:

a) Antes del año de edad.
b) Antes de los 3 meses de edad.

c) Antes de los 28 días de edad.

d) Antes de la semana de edad.

5. En demografía sanitaria, el fallecimiento que ocurre entre los 28 días y el año de vida se denomina:

a) Muerte neonatal.

b) Muerte infantil.

c) Muerte postneonatal.

d) Muerte perinatal.

6. El indicador de población resultante del cociente entre la población de un territorio y su extensión superficial se denomina:

a) Relación de dependencia demográfica.

b) Tasa de crecimiento (anual).

c) Estructura de población.

d) Densidad de población.

7. ¿Cuál de las siguientes fuentes de información es considerada como la más importante de la demografía estática?

a) Censo.

b) Padrón.

c) Registro civil.

d) Crecimiento natural.

8. ¿Cuál de las siguientes características no pertenece al Censo como fuente de información demográfica?

a) Se elabora para todo el país.

b) Es de cumplimentación obligatoria.

c) El contenido es público.

d) Es universal.

9. El Instituto Nacional de Estadística realiza el censo en España desde el año:

a) 1900.

b) 1940.

c) 1960.

d) 1980.

10. ¿Cada cuánto tiempo se realiza el Censo de población en España?

a) Cada 10 años.

b) En año de elecciones generales.

c) Cada 5 años.

d) Anualmente.

11. ¿Cuál de las siguientes características no pertenece al Padrón como fuente de información demográfica?

a) Es universal en su ámbito territorial.
b) El contenido es secreto.
c) Es obligatorio.
d) Es un documento administrativo.

12. Cuando se rellena un certificado de defunción, la causa inmediata de la muerte sería:

a) La forma de morir.
b) Los antecedentes de la causa de la defunción.
c) La enfermedad o lesión que precedió inmediatamente a la muerte.
d) Ninguna de las anteriores.

13. En las pirámides de población, la información que nos facilita la base de la misma es:

a) El estado de la natalidad.
b) La esperanza de vida.
c) Las pérdidas de población.
d) El porcentaje de la población anciana.

14. Al realizar un estudio demográfico de una población se nos muestra una pirámide de población de base ancha y cúspide estrecha; esta morfología es típica de poblaciones con las siguientes características:

a) Poblaciones regresivas.
b) Poblaciones subdesarrolladas.
c) Poblaciones en vías de desarrollo.
d) Poblaciones desarrolladas.

15. Las pirámides de población en forma de bulbo o hucha se caracteriza por:

a) Baja natalidad.
b) Baja mortalidad.
c) Alta mortalidad.
d) Las opciones a) y b) son correctas.

16. En las pirámides de población, la información que nos facilita la cúspide de la misma es:

a) Estado de la natalidad.
b) La esperanza de vida.

c) Pérdidas de población.

d) Porcentaje de la población joven.

17. Al realizar un estudio demográfico de una población nos piden el índice de vejez. Una de las siguientes definiciones hace referencia a este índice, señálela:

a) Número de personas mayores de 64 años que hay en una población determinada.

b) Es el cociente entre número de mayores de 64 años y menores de 65 años.

c) Cociente entre mayores de 65 años y población total x 100.

d) Lo calculamos con el cociente entre número de mayores de 64 años y número de menores de 15 años.

18. ¿Cuál de los siguientes factores demográficos afecta directamente a la accesibilidad de los servicios sanitarios en Castilla-La Mancha?

a) Elevadas tasas de natalidad.

b) Alta densidad de población urbana.

c) Dispersión poblacional y numerosos municipios pequeños.

d) Exceso de población inmigrante.

19. ¿Qué implicación tiene el envejecimiento poblacional en la planificación de cuidados de enfermería en Castilla-La Mancha?

a) Aumento de los partos domiciliarios.

b) Mayor demanda de cuidados paliativos y atención a enfermedades crónicas.

c) Disminución de la atención en áreas rurales.

d) Reducción de la formación en geriatría.

20. ¿Qué fenómeno demográfico ha contribuido a modificar ligeramente la estructura por edades en la región?

a) Descenso de la esperanza de vida.

b) Incremento de la población inmigrante.

c) Aumento del saldo vegetativo.

d) Reducción de la fecundidad.

En MADTEST tienes **más preguntas de este tema**, y todos tus avances quedan registrados y se reflejan en el ranking.

¡Supera tus límites con MADTEST!

Solución al test n.º 18

1. b) La mortalidad infantil incluye las muertes durante el primer año de vida.

2. b) Demografía estática.

3. a) Población de hecho.

4. c) Antes de los 28 días de edad.

5. c) Muerte postneonatal.

6. d) Densidad de población.

7. a) Censo.

8. c) El contenido es público.

9. b) 1940.

10. a) Cada 10 años.

11. b) El contenido es secreto.

12. c) La enfermedad o lesión que precedió inmediatamente a la muerte.

13. a) Estado de la natalidad.

14. b) Poblaciones subdesarrolladas.

15. d) Las opciones a y b son correctas.

16. b) La esperanza de vida.

17. c) Cociente entre mayores de 65 años y población total x 100.

18. c) Dispersión poblacional y numerosos municipios pequeños.

19. b) Mayor demanda de cuidados paliativos y atención a enfermedades crónicas.

20. b) Incremento de la población inmigrante.

TEST N.º 19

Prevención y promoción de la salud: concepto. Detección precoz de problemas de salud: concepto. Factores de riesgo para la salud en las distintas etapas de la vida (infancia, adolescencia, adulto y anciano): identificación de factores de riesgo y cuidados enfermeros. La Educación para la Salud individual, grupal y comunitaria: concepto, metodología y técnicas didácticas. Técnicas de Educación para la Salud para el fomento del autocuidado y promoción de la salud del paciente, cuidador principal y familia

1. La carta de Ottawa estableció, como líneas de actuación en promoción de la salud:

a) Desarrollo de políticas públicas de salud.
b) Creación de entornos saludables.
c) Apoyo de la acción comunitaria y desarrollo de habilidades de salud individuales.
d) Todo lo anterior es correcto.

2. La clasificación de las diferentes actividades preventivas en prevención primaria, secundaria y terciaria se realiza en función de:

a) La historia natural de la enfermedad.
b) El tipo de acción a desarrollar.
c) La edad y sexo de los sujetos receptores.
d) El tipo de problemas o patología a prevenir.

3. En los niveles de prevención, la denominada prevención secundaria consiste en:

a) El abordaje de la enfermedad aun incipiente, por medio de su diagnóstico precoz y la corrección temprana de las desviaciones del estado de salud.
b) Eliminar la posibilidad de enfermar al suprimir los factores causantes de la enfermedad antes de que esta se inicie.
c) Prevenir las secuelas de la enfermedad que ha consumado su evolución, obteniendo los mayores rendimientos de las capacidades residuales que le quedan al paciente.
d) Mejorar las capacidades dejadas por la enfermedad.

4. La rehabilitación es:

a) Promoción de salud.
b) Prevención primaria de salud.
c) Prevención secundaria de salud.
d) Prevención terciaria de salud.

5. Respecto a la prevención, señale lo falso:

a) La prevención primaria persigue disminuir la probabilidad de aparición de afecciones y enfermedades.
b) La prevención secundaria busca la interrupción o enlentecimiento de la progresión de la enfermedad.
c) La prevención primaria incluye la rehabilitación precoz.
d) La prevención primaria puede disminuir la incidencia de la enfermedad.

6. ¿En qué nivel de prevención nos situamos para hablar de screening?

a) Nivel de carácter individual.
b) Prevención secundaria.
c) Prevención terciaria.
d) Ninguna de las anteriores es correcto.

7. La vacunación en general es un caso de:

a) Prevención primaria de salud.
b) Prevención secundaria de salud.
c) Prevención terciaria de salud.
d) Ninguna de las anteriores.

8. De las siguientes afirmaciones, ¿cuál es correcta?

a) El cribaje va dirigido a personas con trastornos definidos.
b) Las pruebas de screnning son de bajo coste.
c) El objetivo del cribaje es servir de base para administrar algún tratamiento.
d) Las pruebas diagnósticas se dirigen a personas supuestamente sanas, grupos y comunidades.

9. La prevención primaria:

a) Actúa antes de que se inicie la enfermedad.
b) Disminuye la incidencia.
c) Disminuye la prevalencia.
d) Las respuestas a) y b) son correctas.

10. La prevención primaria:

a) Actúa sobre los factores de riesgo.
b) Actúa sobre la detección de enfermedades.
c) Detiene el progreso de la enfermedad.
d) En esta fase actúan todas las campañas de detección precoz.

11. ¿Cómo se denominan aquellos métodos de EPS en los cuales se realiza un intercambio entre el docente (emisor) y el discente (receptor), de tal forma que puede existir un intercambio de papeles?

a) Métodos Directivos.
b) Métodos no directivos.
c) Métodos Bidireccionales.
d) Métodos Unidireccionales.

12. ¿Qué es falso en relación a los métodos directivos en la EPS?

a) El cambio de conducta hacia un mal hábito suele ser permanente.
b) Se apoyan en la autoridad de quien imparte la EPS.
c) El objetivo con estos métodos no suele alcanzarse.
d) Se intenta es incluir conocimientos en la persona para que su comportamiento se modifique de forma permanente.

13. Los métodos y medios de Educación para la Salud se fijarán en función de:

a) El receptor, el coste económico de personal que imparte y el tiempo.
b) El coste económico de personal y tiempo que se lleva a cabo.
c) El contenido, el receptor y el coste económico de personal y tiempo.
d) Exclusivamente del receptor que sufre el efecto de la EPS.

14. ¿Qué método de EPS es bidireccional?

a) Programa de radio de EPS.
b) Charla- coloquio.
c) Anuncio en la TV de EPS.
d) Entrevista radiofónica de EPS.

15. ¿Qué método de EPS es indirecto?

a) Proyección de vídeo.
b) Entrevista.
c) Charla.
d) Clase.

16. ¿Qué parámetro de estos no debe poseer un buen entrevistador?

a) Calidez en el trato.
b) No reactividad.
c) Asertividad.
d) Respecto.

17. ¿Qué inconveniente es el de mayor importancia que posee el método de la clase como método directo de EPS?

a) Impulsa alocadamente el cambio de actitudes.
b) Impulsa más el conocimiento que el cambio de actitudes.
c) La pasividad del receptor.
d) No posee inconvenientes.

18. ¿Cuál es el instrumento más usado por los profesionales de la Salud para dirigirse a grupos?

a) La entrevista clínica.
b) La clase.
c) La charla.
d) La tertulia.

19. ¿Cómo se denominan las publicaciones sencillas dirigidas a la población y que tratan un tema específico?

a) Prensa.
b) Folletos.
c) Revistas.
d) Documentales.

20. ¿Cuál es el medio de comunicación de masas más seguido por la población?

a) La TV.
b) La radio.
c) Los folletos.
d) Los libros.

En MADTEST tienes **más preguntas de este tema**, y todos tus avances quedan registrados y se reflejan en el ranking.

¡Supera tus límites con MADTEST!

Solución al test n.º 19

1. d) Todo lo anterior es correcto.

2. a) La historia natural de la enfermedad.

3. a) El abordaje de la enfermedad aun incipiente, por medio de su diagnóstico precoz y la corrección temprana de las desviaciones del estado de salud.

4. d) Prevención terciaria de salud.

5. c) La prevención primaria incluye la rehabilitación precoz.

6. b) Prevención secundaria.

7. a) Prevención primaria de salud.

8. b) Las pruebas de screnning son de bajo coste.

9. d) Las respuestas a) y b) son correctas.

10. a) Actúa sobre los factores de riesgo.

11. c) Métodos Bidireccionales.

12. a) El cambio de conducta hacia un mal hábito suele ser permanente.

13. c) El contenido, el receptor y el coste económico de personal y tiempo.

14. b) Charla- coloquio.

15. a) Proyección de vídeo.

16. b) No reactividad.

17. b) Impulsa más el conocimiento que el cambio de actitudes.

18. c) La charla.

19. b) Folletos.

20. b) La radio.

TEST N.º 20

Inmunizaciones: concepto. Clasificación y tipos de vacunas. Vacunación infantil y de adultos. Indicaciones y contraindicaciones. Complicaciones. Conservación, administración y pautas de vacunación. Calendario vacunal vigente en Castilla-La Mancha

1. La inmunidad que se produce cuando los anticuerpos elaborados por el organismo se reciben de una fuente exógena se le llama:

a) Activa.
b) Pasiva.
c) Natural pasiva.
d) Natural artificial.

2. La inmunidad que se produce cuando los anticuerpos proceden de una madre y pasan por vía transplacentaria al niño se conoce por:

a) Inmunidad natural pasiva.
b) Inmunidad natural activa.
c) Inmunidad artificial activa.
d) Inmunidad activa.

3. ¿Qué tasa de cobertura de vacunación elimina el riesgo epidémico?

a) 30%.
b) 40%.
c) 50%.
d) 60%.

4. Las vacunas serían una inmunidad de tipo:

a) Activa.
b) Natural pasiva.
c) Natural activa.
d) Artificial activa.

5. La vacuna oral de la fiebre tifoidea es una:

a) Vacuna de microorganismos totales.
b) Vacuna toxoide.
c) Vacuna viva atenuada.
d) Vacuna con antígenos estructurales.

6. En algunas vacunas de microorganismos inactivos se utiliza frecuentemente una sal para aumentar la respuesta inmune, ¿cuál?

a) Hidróxido de Aluminio.
b) Hidróxido de Calcio.
c) Hidróxido de Carbono.
d) Hidróxido de Zinc.

7. En las vacunas el Thimerosal se utiliza como:

a) Líquido en suspensión.
b) Adyuvante.
c) Coadyuvante.
d) Preservativo-estabilizadores.

8. ¿Qué tasa de cobertura de vacunación se necesita para la erradicación de la enfermedad?

a) 40%.
b) 50%.
c) 60%.
d) 70%.

9. Es una vacuna polivalente:

a) Sarampión.
b) Triple vírica.
c) Poliomielitis.
d) DTP.

10. ¿A qué temperatura se deben conservar las vacunas?

a) 2-8 ºC.
b) 8-14 ºC.
c) 14-24 ºC.
d) 24-36 ºC.

11. Con respecto a la vacuna antipoliomielítica tipo Sabin es cierto que:

a) Es de uso parenteral.
b) Es una vacuna inactiva.
c) Se consigue una eficacia del 50%.
d) Está contraindicada en el embarazo y la inmunodepresión.

12. En las vacunas siempre se inyecta un máximo de:

a) 0,1 ml.
b) 0,2 ml.
c) 0,8 ml.
d) 0,5 ml.

13. Con respecto a la vacuna de la difteria no es cierto que:

a) Administrada de forma intramuscular, en tres dosis, se consigue una eficacia del 90-95%.
b) Está indicada en el calendario vacunal.
c) Está contraindicada en el embarazo.
d) Está contraindicada en inmunodeprimidos no inmunizados.

14. Una sobreutilización de la vacuna del tétanos puede producir una reacción de:

a) Abderhalden.
b) Bardach.
c) Baver.
d) Arthus.

15. De las siguientes vacunas, ¿cuál no está incluida en la triple vírica?

a) Sarampión.
b) Rubéola.
c) Varicela.
d) Parotiditis.

16. ¿Cuál de las siguientes vacunas no necesita revacunación?

a) Sarampión.
b) Rubéola.
c) Parotiditis.
d) Tétanos.

17. La Vacuna denominada DTP a 0-8 ºC es estable durante:

a) 2 semanas.
b) 1 año.
c) 18 a 24 meses.
d) 7 años.

18. Indique qué vacunas deben protegerse de la luz:

a) DTP.
b) Polio.
c) Triple vírica.
d) Triple vírica y BCG.

19. Cuando la enfermera administra la inmunoterapia (vacuna), debe extremar las precauciones para evitar riesgos:

a) Sólo la primera vez.
b) Cuando la dosis sea elevada.
c) El primer año de vacunación.
d) Siempre que administre una dosis.

20. ¿Qué tipo de Inmunización se adquiere mediante la administración de anti-cuerpos?

a) Inmunización activa.
b) Inmunización individual.
c) Inmunización colectiva.
d) Inmunización pasiva.

En MADTEST tienes **más preguntas de este tema**, y todos tus avances quedan registrados y se reflejan en el ranking.

¡Supera tus límites con MADTEST!

Solución al test n.º 20

1. b) Pasiva.

2. a) Inmunidad natural pasiva.

3. c) 50%.

4. d) Artificial activa.

5. c) Vacuna viva atenuada.

6. a) Hidróxido de Aluminio.

7. d) Preservativo-estabilizadores.

8. d) 70%.

9. c) Poliomielitis.

10. a) 2-8 ºC.

11. d) Está contraindicada en el embarazo y la inmunodepresión.

12. d) 0,5 ml.

13. d) Está contraindicada en inmunodeprimidos no inmunizados.

14. d) Arthus.

15. c) Varicela.

16. a) Sarampión.

17. c) 18 a 24 meses.

18. d) Triple vírica y BCG.

19. d) Siempre que administre una dosis.

20. d) Inmunización pasiva.

Higiene en centros sanitarios: conceptos generales. Antisépticos. Desinfectantes. Esterilización. Infección nosocomial: concepto, principales infecciones nosocomiales y medidas preventivas. Aislamiento: concepto, tipos y descripción. Gestión de residuos sanitarios

1. ¿Qué agente transmite la sarna?

a) VIH (SIDA).
b) *Sarcoptes scabiei*.
c) *Clostridium tetani*.
d) COVID-19

2. ¿Qué característica no cumple el agente causal de una enfermedad transmisible?

a) Es capaz de reproducirse.
b) Es exógeno.
c) Es único.
d) Puede ser exógeno o endógeno.

3. ¿A qué tipo de enfermedad corresponde la definición: "es la enfermedad que cumple una serie de características básicas, ya que precisa de un agente causal, que suele ser único, exógeno, capaz de reproducirse"?

a) Enfermedad transmisible.
b) Enfermedad contagiosa.
c) Enfermedad infecciosa.
d) Peritonitis.

4. ¿A qué corresponde esta definición: "asociación con beneficios para agente y huésped"?

a) Parasitismo.
b) Simbiosis.

c) Comensalismo.

d) Amebiasis.

5. En epidemiología se entiende por virulencia:

a) La habilidad de un agente causal para producir reacción inmunológica local o general.

b) El grado o cantidad de enfermedad que puede producir el agente causal.

c) La capacidad para dar lugar a una enfermedad, una vez infectado un huésped.

d) La cantidad de eslabones que posee una enfermedad transmisible.

6. ¿A qué grupo pertenece aquel biológico que resulta poco probable que cause una enfermedad en el hombre, en función del riesgo de infección? Grupo…

a) 1.

b) 2.

c) 3.

d) 4.

7. Se define como infectividad:

a) La capacidad de virulencia del agente causal.

b) La capacidad para ocasionar o dar lugar a una enfermedad.

c) El grado o cantidad de enfermedad que puede producir el agente causal.

d) La capacidad para multiplicarse el agente causal en los tejidos, dando o no lugar enfermedad.

8. ¿Cuáles son los factores epidemiológicos secundarios?

a) Clima.

b) Tabaco.

c) Sexo.

d) Clima y sexo.

9. La triada epidemiológica relaciona:

a) Al agente causal, huésped susceptible y ambiente.

b) Al agente causal, huésped susceptible y reservorio.

c) Al agente causal, huésped susceptible y mecanismo de transmisión.

d) Al agente causal, huésped susceptible y factores epidemiológicos secundarios.

10. ¿Cuál de estas se considera la fuente de infección más importante para el hombre en epidemiología?

a) Una fuente homóloga.

b) Una fuente heteróloga.

c) Fuente animal.
d) Fuente inanimada.

11. ¿Por qué es necesario el uso de guantes estériles en cirugía?

a) Para complementar el lavado de mano, aunque este es ya seguro.
b) Porque el lavado de manos quirúrgico no garantiza la eliminación de los microorganismos.
c) No se emplean guantes estériles en cirugía.
d) En cirugía se emplean guantes desechables no estériles que complementar el lavado de mano.

12. ¿Qué prenda es la primera que hay que ponerse para acceder a un área estéril?

a) Gorros.
b) Guantes.
c) Calzas.
d) Bata.

13. ¿Para cuántas intervenciones quirúrgicas sirve una mascarilla?

a) Exclusivamente para una.
b) Para dos o tres.
c) Para varias, mientras dure su material frente a la esterilización.
d) Para siempre, ya que es esterilizable.

14. ¿Qué método se emplea para la destrucción de todos los microorganismos y formas de resistencia de los mismos (esporas)?

a) Antisepsia.
b) Desinfección
c) Esterilización.
d) Fumigación.

15. ¿Cuál de estos mecanismos de acción no se emplea en esterilización?

a) Muerte por calor.
b) Muerte por frío.
c) Muerte por agente químico.
d) Muerte por radiación.

16. ¿Cuál de estas técnicas de esterilización es en "frío"?

a) Mediante autoclave.
b) Mediante horno Pasteur.
c) Mediante flameado.
d) Mediante radiación gamma.

17. ¿A qué presión irá el autoclave (en atmósferas) como medio de esterilización de material si se utiliza a 120 ºC?

a) 1 atmósfera.
b) 2 atmósferas.
c) 3 atmósferas.
d) 4 atmósferas.

18. ¿A qué temperatura o ciclos de temperatura se esteriliza en autoclave material en contacto con priones?

a) Ciclos de vapor de 121 ºC.
b) Ciclos de vapor de 125 ºC
c) Ciclos de vapor de 140 ºC.
d) Ciclos de vapor de 180 ºC.

19. ¿Cuál de las siguientes ventajas e inconvenientes del autoclave es falsa?

a) Es un medio de esterilizar barato, sencillo, rápido y eficaz.
b) Es aplicable a una gran gama de materiales.
c) Las altas temperaturas de la técnica desestructura el material.
d) Son correctas todas las respuestas anteriores.

20. ¿Qué procedimiento de esterilización por calor es aquel que consiste en el uso de hornos crematorios para quemar el material de un solo uso y otros contaminados biológicamente?

a) Flameado.
b) Horno Pasteur.
c) Poupinel.
d) Incineración.

En MADTEST tienes **más preguntas de este tema**, y todos tus avances quedan registrados y se reflejan en el ranking.

¡Supera tus límites con MADTEST!

Solución al test n.º 21

1. b) *Sarcoptes scabiei.*

2. d) Puede ser exógeno o endógeno.

3. a) Enfermedad transmisible.

4. b) Simbiosis.

5. b) El grado o cantidad de enfermedad que puede producir el agente causal.

6. a) 1.

7. d) La capacidad para multiplicarse el agente causal en los tejidos, dando o no lugar enfermedad.

8. d) Clima y sexo.

9. a) Al agente causal, huésped susceptible y ambiente.

10. a) Una fuente homóloga.

11. b) Porque el lavado de manos quirúrgico no garantiza la eliminación de los microorganismos.

12. c) Calzas.

13. a) Exclusivamente para una.

14. c) Esterilización.

15. b) Muerte por frío.

16. d) Mediante radiación gamma.

17. a) 1 atmósfera.

18. c) Ciclos de vapor de 140 ºC.

19. d) Son correctas todas las respuestas anteriores.

20. d) Incineración.

**Sexualidad y reproducción. Planificación familiar y anticoncepción.
Prevención de infecciones de transmisión sexual.
Cuidados a personas con patrones sexuales inefectivos
o disfunción sexual: valoración integral**

1. ¿Qué garantiza el derecho a la atención sanitaria?

a) Acceso a servicios de salud de calidad.
b) Exclusión de ciertos grupos.
c) Solo atención médica de emergencia.
d) Atención solo para mayores de edad.

2. ¿Cuál de los siguientes es un principio básico del derecho a la atención sanitaria?

a) Exclusividad.
b) Accesibilidad.
c) Limitación.
d) Especialización.

3. ¿En qué documento se establece el derecho a un nivel de vida adecuado, incluyendo la atención médica?

a) Convención sobre los Derechos del Niño.
b) Declaración Universal de los Derechos Humanos.
c) Pacto Internacional de Derechos Civiles.
d) Carta de los Derechos de los Niños.

4. El Pacto Internacional de Derechos Económicos, Sociales y Culturales (1966) reconoce el derecho al disfrute de:

a) El más alto nivel posible de salud física y mental.
b) La propiedad privada.
b) La educación gratuita.
d) La vida política activa.

5. ¿Qué garantiza la Convención sobre la Eliminación de Todas las Formas de Discriminación contra la Mujer (CEDAW)?

a) Derecho a la educación.
b) Derecho a la propiedad.
c) Derecho al voto.
d) Derecho a la atención médica.

6. ¿Qué institución eliminó la homosexualidad de la lista de enfermedades mentales en 1990?

a) ONU.
b) UNICEF.
c) OMS.
d) UNESCO.

7. Las Unidades de Identidad de Género (UIG) se establecieron por primera vez ¿en qué comunidad de España?

a) Cataluña.
b) Andalucía.
c) Madrid.
d) Galicia.

8. ¿Qué tipo de tratamiento se incluye en la atención sanitaria a personas con diversidad sexual?

a) Solo cirugía.
b) Solo terapia psicológica.
c) Terapia hormonal y cirugías de afirmación de género.
d) Atención médica solo para adultos.

9. ¿Qué profesionales son esenciales en la evaluación inicial de la salud de personas con diversidad de género y sexualidad?

a) Endocrinólogos.
b) Médicos de atención primaria.
c) Cirujanos.
d) Trabajadores sociales.

10. ¿Qué debe incluir la atención sanitaria para asegurar el bienestar integral de las personas?

a) Solo intervenciones médicas.
b) Solo tratamientos farmacológicos.

c) Solo asesoría legal.

d) Intervenciones médicas y apoyo psicológico.

11. En el desarrollo intrauterino del feto, ¿en qué momento se puede decir que tiene todo sus órganos formados?

a) En la semana 12.

b) En la semana 27.

c) En la semana 14.

d) En la semana 8.

12. Del desarrollo embrionario, ¿cuál de las siguientes respuestas es la correcta?

a) En la etapa embrionaria el embrión empieza el desarrollo muscular y aparece el lanugo.

b) La etapa embrionaria comprende hasta la 16.ª semana después de la concepción llegando a medir alrededor de 9 cm en sentido cefalocaudal.

c) La etapa de cigoto comprende los primeros 7 días del desarrollo humano.

d) La etapa embrionaria se inicia en la tercera semana después de la concepción hasta alrededor de la octava semana de gestación.

13. ¿Cuáles son los componentes del líquido amniótico?

a) Líquido pulmonar, bilis.

b) Líquido pulmonar, restos epiteliales y orina.

c) Líquido pulmonar, orina.

d) Líquido pulmonar, orina y bilis.

14. La formación de la placenta se completa alrededor del:

a) Primer mes de embarazo.

b) Segundo mes de embarazo.

c) Tercer o cuarto mes de embarazo.

d) Quinto mes de embarazo.

15. ¿De qué elemento embrionario procede la placenta?

a) Mórula.

b) Embrioblasto.

c) Trofoblasto.

d) Ovocito.

16. En relación con los métodos anticonceptivos, indica la respuesta correcta:

a) Los espermicidas son un método muy fiable.

b) El preservativo tiene una seguridad del 98 %.

c) El método Ogino produce una esterilidad irreversible.

d) Los anticonceptivos hormonales (ACO) no tienen contraindicaciones.

17. El método anticonceptivo más efectivo para prevenir las enfermedades de transmisión sexual es:

a) Píldora anticonceptiva.

b) DIU.

c) Preservativos.

d) Diafragma.

18. ¿Cuál de los siguientes es un objetivo principal de la promoción de la salud sexual?

a) Prevenir exclusivamente las infecciones de transmisión sexual (ITS).

b) Facilitar el acceso a información, servicios y derechos para disfrutar de una vida sexual saludable.

c) Reducir la cantidad de parejas sexuales en la población.

d) Limitar la sexualidad a contextos reproductivos.

19. ¿Qué estrategia de promoción de la salud sexual se enfoca en la implementación de programas educativos que promueven la igualdad de género y la toma de decisiones informadas?

a) Acceso a servicios de salud sexual y reproductiva.

b) Campañas de comunicación masiva.

c) Redes de apoyo comunitarias.

d) Educación sexual integral (ESI).

20. ¿Cuál de los siguientes NO es un beneficio de la promoción de la salud sexual?

a) Mejora del bienestar individual y colectivo.

b) Reducción de riesgos como las ITS y los embarazos no deseados.

c) Limitación de los derechos sexuales a personas heterosexuales.

d) Reducción de la estigmatización y discriminación hacia personas por su orientación sexual o identidad de género.

En MADTEST tienes **más preguntas de este tema**, y todos tus avances quedan registrados y se reflejan en el ranking.

¡Supera tus límites con MADTEST!

Solución al test n.º 22

1. a) Acceso a servicios de salud de calidad.

2. b) Accesibilidad.

3. b) Declaración Universal de los Derechos Humanos.

4. a) El más alto nivel posible de salud física y mental.

5. d) Derecho a la atención médica.

6. c) OMS.

7. b) Andalucía.

8. c) Terapia hormonal y cirugías de afirmación de género.

9. b) Médicos de atención primaria.

10. d) Intervenciones médicas y apoyo psicológico.

11. d) En la semana 8.

12. d) La etapa embrionaria se inicia en la tercera semana después de la concepción hasta alrededor de la octava semana de gestación.

13. b) Líquido pulmonar, restos epiteliales y orina.

14. c) Tercer o cuarto mes de embarazo.

15. c) Trofoblasto.

16. b) El preservativo tiene una seguridad del 98 %.

17. c) Preservativos.

18. b) Facilitar el acceso a información, servicios y derechos para disfrutar de una vida sexual saludable.

19. d) Educación sexual integral (ESI).

20. c) Limitación de los derechos sexuales a personas heterosexuales.

Atención domiciliaria: concepto y etapas de la visita domiciliaria. Coordinación entre Atención Primaria, Atención Especializada y Servicios Sociales. Programas específicos de atención domiciliaria: programas de atención a pacientes inmovilizados y terminales. Estrategias para cuidados de pacientes crónicos. Alternativas a la hospitalización convencional. Atención Socio-Sanitaria de Castilla la Mancha

1. ¿Qué porcentaje se estima de altas hospitalarias que requieren posteriormente continuidad de cuidados en el domicilio del paciente?

a) 1-5%.
b) 10-15%.
c) 20-25%.
d) 30-35%.

2. ¿A qué se denomina el encuentro o acercamiento del Equipo de Salud al domicilio del usuario o familia?

a) Atención especializada.
b) Atención ambulatorial.
c) Atención domiciliaria.
d) Atención primaria en domicilio o aviso.

3. ¿Qué atributo no es acorde con la atención domiciliaria apropiada?

a) Asistencial, de educación sanitaria o mixta.
b) Imprevista o no programada.
c) Protocolizada.
d) Interdisciplinar.

4. Cuando la atención domiciliaria se lleva a cabo por equipos de la atención especializada dedicados a procesos agudos y altas precoces a intervenciones quirúrgicas, se denomina:

a) Igual.
b) Hospitalización domiciliaria.
c) Volante hospitalario.
d) No se efectúa esa práctica, es exclusiva de la atención primaria.

5. ¿Cómo se llama también una atención domiciliaria surgida a demanda?

a) Aviso.
b) Volante.
c) Recado.
d) No existe.

6. ¿Qué dato de la visita domiciliaria es falso?

a) Unas veces será la recogida de datos mediante observación, entrevista, comunicación, etc.
b) Si por una causa justificada no se pudiera acudir a una cita, es imprescindible avisarlo.
c) Nunca deberá ser previa cita.
d) El equipamiento a llevar en la visita domiciliaria depende del contenido de la misma.

7. La duración máxima recomendada de la visita domiciliaria es de:

a) Quince minutos.
b) Veinticinco minutos.
c) Cuarenta y cinco minutos.
d) Una hora.

8. ¿Qué escala o índice es válido para ver la funcionalidad de una familia en el hogar a través de la visita domiciliaria?

a) Índice de Velasco familiar.
b) Índice de APGAR familiar.
c) Índice NANDA familiar.
d) Índice Family.

9. ¿Qué índica un índice de 8 de la Escala de 10 de APGAR familiar? Familia:

a) Afuncional.
b) Disfunción familiar leve.
c) Disfunción familiar grave.
d) Normofuncionante.

10. ¿Qué puntuaciones son las que se aplican a cada pregunta en la Escala de 10 de APGAR familiar, según respuesta?

a) 0 y 1.
b) 0, 1 y 2.
c) 0, 1, 2 y 3.
d) 0, 1, 2, 3 y 4.

11. ¿Qué herramienta en la visita a domicilio se emplea para valorar el apoyo percibido, no el real?

a) Índice de Velasco familiar.
b) Índice de APGAR familiar.
c) Cuestionario de autoadministrado de Duke-Unc.
d) Cuestionario de Zarit.

12. ¿Cuándo se considera un apoyo normal percibido en el núcleo familiar según el cuestionario de autoadministrado de Duke-Unc (en unidades de percentiles)? Mayor o igual al percentil:

a) 15.
b) 10.
c) 5.
d) 30.

13. ¿Con qué edad es a la que se dirigen más frecuentemente los subprogramas de atención domiciliaria a pacientes inmovilizados y a enfermos terminales? Aquellas personas con una edad igual o superior a:

a) 60 años.
b) 70 años.
c) 80 años.
d) 90 años.

14. ¿Cuál es el primer paso necesario para poder poner en funcionamiento estos programas de la atención sanitaria que se presta en domicilio?

a) Crear un equipo de atención especializada del Área.
b) Crear un equipo de soporte de atención domiciliaria (ESAD), con profesionales de atención primaria del Área.
c) Crear un equipo de soporte de atención domiciliaria (ESAD), con profesionales de atención especializada, de la Zona.
d) Son ciertas a y c.

15. ¿Qué profesionales no formarán parte del equipo de soporte de atención domiciliaria (ESAD)?

a) Enfermeras/os con experiencia en cuidados a domicilio de pacientes terminales, crónicos en estadios avanzados e inmovilizados complejos.
b) Trabajadores Sociales a tiempo parcial.
c) Auxiliar de Enfermería y/o Auxiliar Administrativo.
d) Psicólogos clínicos.

16. ¿Qué funciones de la ESAD no es de tipo asistencial?

a) Atención directa a aquellos pacientes que, reuniendo criterios de inclusión, no cuenten con atención programada en su domicilio.
b) Apoyar y complementar asistencialmente en la valoración inicial conjunta con los profesionales de AP que lo demanden.
c) Contribuir a la protocolización de la asistencia clínica de los pacientes incluidos y potenciar su cumplimiento.
d) Son todas asistenciales.

17. ¿Cada cuanto tiempo se renueva el contrato programa?

a) Cada año.
b) Cada dos años.
c) Cada tres años.
d) Cada cinco años.

18. ¿Qué patologías que afectan a los pacientes pluripatológicos están incluidas en la Categoría A?

a) Cardiacas.
b) Renales.
c) Respiratorias.
d) Hepáticas.

19. ¿Cuál es el objetivo principal del modelo integral de asistencia socio-sanitaria en Castilla-La Mancha?

a) Prestar atención únicamente a personas con dependencia.
b) Ofrecer una atención continua, personalizada y centrada en el hogar y el entorno comunitario.
c) Priorizar la atención hospitalaria convencional.
d) Excluir a las familias de la planificación de cuidados.

20. ¿Cuál de los siguientes principios NO fundamenta el sistema sociosanitario castellano-manchego?

a) La integralidad.
b) La discontinuidad asistencial.
c) La personalización.
d) La autonomía de la persona.

En MADTEST tienes **más preguntas de este tema**, y todos tus avances quedan registrados y se reflejan en el ranking.

¡Supera tus límites con MADTEST!

Solución al test n.º 23

1. b) 10-15%.

2. c) Atención domiciliaria.

3. b) Imprevista o no programada.

4. b) Hospitalización domiciliaria.

5. a) Aviso.

6. c) Nunca deberá ser previa cita.

7. b) Veinticinco minutos.

8. b) Índice de APGAR familiar.

9. d) Normofuncionante.

10. b) 0, 1 y 2.

11. c) Cuestionario de autoadministrado de Duke-Unc.

12. a) 15.

13. c) 80 años.

14. b) Crear un equipo de soporte de atención domiciliaria (ESAD), con profesionales de atención primaria del Área.

15. d) Psicólogos clínicos.

16. d) Son todas asistenciales.

17. a) Cada año.

18. a) Cardiacas.

19. b) Ofrecer una atención continua, personalizada y centrada en el hogar y el entorno comunitario.

20. b) La discontinuidad asistencial.

TEST N.º 24

Técnicas y habilidades de comunicación y relación interpersonal. Trabajo en equipo. Entrevista clínica: Concepto y características. Identificación de necesidades de apoyo emocional y psicológico al paciente, cuidador principal y familia

1. ¿Cuál de los siguientes es un elemento del proceso de la comunicación?

a) Fuente.
b) Transmisión.
c) Huésped.
d) Las opciones a y b son correctas.

2. El elemento del proceso de la comunicación denominado emisor o fuente es:

a) El contenido de lo que se comunica.
b) La persona receptora del mensaje.
c) El individuo que transmite la información.
d) La forma de transmitir el contenido.

3. La importancia de la comunicación radica en:

a) Permite la relación de las personas.
b) Fomenta la motivación.
c) Permite la integración social.
d) Todas son ciertas.

4. Para que la comunicación haya sido efectiva, tiene que producir en el receptor:

a) Una respuesta.
b) Una información.
c) Un flujo de retroalimentación.
d) Las opciones a y b son ciertas.

5. Señale la respuesta correcta:

a) Emisor es un aparato que transmite un mensaje.
b) Receptor es a quien se le transmite el mensaje.

c) Canal es el medio por el que se transmite el mensaje.

d) Las opciones b y c son correctas.

6. Señale la respuesta incorrecta de la siguiente pregunta. ¿Cuál de las opciones que se indican son elementos de la comunicación?

a) Emisor, receptor, mensaje, código, medio.

b) Fuente productora, mensaje, signo, canal.

c) Proceso, acto, modelo de comunicación.

d) Todas son correctas.

7. En cuanto al proceso de la comunicación, señale la respuesta correcta:

a) Los problemas de comunicación pueden depender de la fuente emisora.

b) Los problemas de comunicación pueden deberse a problemas en el mensaje.

c) Los problemas de comunicación pueden estar motivados por fallos de recepción.

d) Todas son correctas.

8. Con respecto a las habilidades de relación interpersonal, señale la respuesta incorrecta:

a) En la relación interpersonal con el paciente el objetivo es la ayuda.

b) En la relación interpersonal con el paciente debe existir honestidad, sinceridad, respeto, confianza.

c) En la relación interpersonal con el paciente se debe percibir, pensar, sentir, observar un objetivo, actuar.

d) En la relación interpersonal con el paciente no debe existir compañerismo.

9. Una relación interpersonal es eficiente cuando origina en el paciente y en el enfermero:

a) Satisfacción.

b) Ansiedad.

c) Agresividad.

d) Negativismo.

10. Una relación interpersonal es deficiente cuando origina en el enfermero y en el paciente:

a) Empatía.

b) Enojo.

c) Compañerismo.

d) Autenticidad.

11. Con respecto a la Entrevista Clínica semiestructurada, señale lo falso:

a) Es la que mejor se adapta a la Atención Primaria.
b) Incluye una actuación protocolizada, que incluye elementos de comunicación verbal y no verbal.
c) El protocolo relacional nunca puede abandonarse.
d) Tiene una fase exploratoria y una fase resolutiva.

12. En la fase exploratoria, el apoyo narrativo se favorece por todo lo que sigue, salvo por:

a) La empatía.
b) La alta reactividad.
c) La facilitación.
d) La clarificación.

13. En la fase exploratoria, el recibimiento cordial no incluye:

a) Mirar a la cara al paciente.
b) Llamarlo por su nombre.
c) Dar muestras claras de calidez: besarlo; abrazarlo...
d) Invitarlo a sentarse.

14. Son habilidades de comunicación que el enfermero debe realizar:

a) Comportamiento no verbal: cuidar el aspecto físico, la forma de vestir, la manera de moverse, etc.
b) Escuchar, sin interrumpir.
c) Preguntar cuando el paciente haya terminado de hablar, cuidando la forma y la expresión.
d) Todas son correctas.

15. Entre las principales características de un buen entrevistador no figura:

a) Empatía.
b) Calidez.
c) Rapidez en el habla.
d) Baja reactividad.

16. La dinámica de grupos es un concepto esencial en el ámbito sanitario, ya que influye en la comunicación, la toma de decisiones y la interacción entre los profesionales, los pacientes y sus familias. ¿Cuál es uno de los principales beneficios de una dinámica grupal bien gestionada en el entorno sanitario?

a) Disminuir el número de intervenciones médicas.
b) Evitar la necesidad de coordinación entre profesionales.

c) Mejorar la cooperación y optimizar los recursos.
d) Reducir la comunicación con los pacientes y sus familias.

17. En el ámbito de la enfermería, la dinámica de grupos es clave para mejorar el trabajo en equipo y la comunicación. Además, se utiliza como herramienta en la educación para la salud. ¿En qué contexto puede aplicarse esta herramienta para beneficiar a los pacientes?

a) Solo en reuniones internas del personal sanitario.
b) Exclusivamente en la gestión administrativa de hospitales.
c) En sesiones grupales de apoyo, terapia o información para pacientes y cuidadores.
d) En la evaluación de pruebas diagnósticas.

18. El compromiso en un trabajo en equipo es:

a) Cuando cada miembro asume voluntariamente el hecho de aportar lo mejor de sí mismo, para conseguir los objetivos del grupo y de la organización en general.
b) La necesidad de poder coordinar las distintas actuaciones individuales.
c) La interdependencia positiva entre las personas participantes en un equipo.
d) Todo lo anterior es falso.

19. ¿En qué etapa de la puesta en marcha de un equipo de trabajo se superan generalmente los enfrentamientos personales y el proyecto comienza a salir adelante?

a) En la etapa de inicio.
b) En la etapa de madurez.
c) En la etapa de acoplamiento.
d) En la etapa de primeras dificultades.

20. ¿Qué rol de estos consideras que es funcional de producción en un equipo de trabajo?

a) El crítico.
b) El iniciador.
c) El pícaro.
d) El negativo.

En MADTEST tienes **más preguntas de este tema**, y todos tus avances quedan registrados y se reflejan en el ranking.

¡Supera tus límites con MADTEST!

Solución al test n.º 24

1. a) Fuente.

2. c) El individuo que transmite la información.

3. d) Todas son ciertas.

4. a) Una respuesta.

5. d) Las opciones b y c son correctas.

6. c) Proceso, acto, modelo de comunicación.

7. d) Todas son correctas.

8. d) En la relación interpersonal con el paciente no debe existir compañerismo.

9. a) Satisfacción.

10. b) Enojo.

11. c) El protocolo relacional nunca puede abandonarse.

12. b) La alta reactividad.

13. c) Dar muestras claras de calidez: besarlo; abrazarlo...

14. d) Todas son correctas.

15. c) Rapidez en el habla.

16. c) Mejorar la cooperación y optimizar los recursos.

17. c) En sesiones grupales de apoyo, terapia o información para pacientes y cuidadores.

18. a) Cuando cada miembro asume voluntariamente el hecho de aportar lo mejor de sí mismo, para conseguir los objetivos del grupo y de la organización en general.

19. c) En la etapa de acoplamiento.

20. b) El iniciador.

TEST N.º 25

Valoración y cuidados de enfermería en la mujer gestante: alimentación, higiene y cambios fisiológicos. Educación maternal. Problemas más frecuentes durante la gestación. Valoración y cuidados de enfermería en la puérpera: cambios fisiológicos y psicológicos. Lactancia materna

1. Uno de los siguientes síntomas no constituye síntoma de embarazo:

a) Náuseas y vómitos matutinos.
b) Latido cardiaco fetal.
c) Movimientos fetales.
d) Modificaciones del apetito.

2. El signo de Chadwick está relacionado con:

a) Formación del tapón mucoso.
b) Aumento de la vascularización de cuello uterino y vagina.
c) Forma globulosa del útero.
d) Tensión mamaria.

3. La disminución de la motilidad gástrica que se da en las gestantes es causa de:

a) Estreñimiento.
b) Pirosis.
c) Varices.
d) Ptialismo.

4. Mujer que acude a la revisión de su segundo trimestre de embarazo; entre las recomendaciones que le dice su ginecólogo, ¿cuál se correspondería?

a) Realizar una dieta pobre en fibras, verduras, cereales, fruta y aumento de ingesta de líquidos.
b) Evitar grasas y fritos, sustancias irritantes (café, bebidas con gas, alcohol y tabaco).
c) No realizar ejercicio, no tener relaciones sexuales y evitar acudir a locales públicos.
d) Realizar tres revisiones en todo el embarazo.

5. Las respuestas psicológicas más comunes en las embarazadas son:

a) Insomnio, hiperactividad, rechazo.
b) Extroversión, hiperactividad e insomnio.
c) Hipersomnia, ambivalencia, introversión y aceptación.
d) Rechazo, ambivalencia y extroversión.

6. ¿Cuál es la cantidad de yodo suplementario que necesita una mujer embarazada?

a) De 300 a 400 mcg/día.
b) De 700 a 1.000 mcg/día.
c) De 500 a 600 mcg/día.
d) Alrededor de 200 mcg/día.

7. Se recomienda tomar ácido fólico, antes de producirse el embarazo y durante las primeras semanas de gestación con el fin de evitar la aparición de:

a) Síndrome de Turner.
b) Defectos del tubo neural.
c) Malformaciones cardiacas.
d) Síndrome de Down.

8. Gestante de 38 años, acude a la matrona de su centro de salud para realizar el cribaje de la diabetes gestacional (test de O`Sullivan); ¿en qué semana debe realizar esta prueba?

a) Embarazo de riesgo entre las 20 y 24 semanas de gestación.
b) Se debe realizar a embarazadas que han padecido diabetes gestacional en embarazos anteriores, en la semana 20.
c) Embarazadas entre las 24 y 28 semanas de gestación.
d) No se debe realizar esta prueba a no ser por malformación congénita.

9. ¿Qué es cierto del control ecográfico entre las 8 y 12 semanas de la gestación?

a) Se puede valorar la ubicación de la placenta.
b) Identifica el retraso de crecimiento tipo I.
c) Se detecta la presencia de actividad cardiaca fetal.
d) Identifica el sexo fetal.

10. Para prevenir las convulsiones de la preeclampsia grave, la medicación que utilizaríamos sería:

a) Sulfato de magnesio.
b) Fenitoína.
c) Fenobarbital.
d) Antagonistas del calcio.

11. ¿Cómo puede identificar la presencia de hipertensión arterial después de la semana veinte de gestación?

a) Si la tensión es superior a 130 mmHg en la tensión diastólica y a 70 mmHg en la sistólica.
b) Conociendo la tensión desde el inicio del embarazo y haciendo controles mensuales de la misma.
c) Si la tensión arterial sistólica aumenta 30 mmHg o más o si la tensión diastólica aumenta 15 mmHg o más a los valores previos al embarazo.
d) Si la tensión diastólica está por encima de los 115 mmHg y la sistólica es superior a 90 mm Hg.

12. Sobre el test de tolerancia oral de la glucosa, ¿cuál de las siguientes respuestas es la correcta?

a) Su resultado es de intolerancia si su resultado está un 5 % por encima de los valores normales.
b) Su resultado indica diabetes gestacional si hay dos o más valores que igualan o superan los límites.
c) Su resultado es normal si todos los valores son superiores a los límites normales en un 2 %.
d) Su resultado es normal si está por debajo de 60 mg/dl.

13. Para que se produzca una isoinmunización Rh, ¿qué circunstancia debe darse?

a) Madre Rh– e hijo Rh– en la segunda gestación, si no se le ha administrado gammaglobulina anti D a la madre después de la primera gestación.
b) Madre Rh– e hijo Rh¬+ en la segunda gestación, si no se le ha administrado gammaglobulina antI D a la madre después de la primera gestación.
c) Madre Rh+ e hijo Rh– en la primera gestación.
d) Madre Rh+ e hijo Rh+ en la primera gestación, sin que se haya producido sensibilización previa.

14. La inmoglobulina anti-D no está indicada:

a) Después de un aborto.
b) En pacientes sensibilizadas Rh.
c) En madres Rh- y feto Rh+.
d) Todas las respuestas son correctas.

15. Fases o etapas de las que se compone un parto:

a) Periodos de parto.
b) Periodo de dilatación y expulsión.
c) Periodo de expulsión y alumbramiento.
d) Periodo de dilatación, dividido a su vez en fase latente y activa de parto, periodo de expulsivo y periodo de alumbramiento.

16. ¿En qué etapa del embarazo suele consolidarse el vínculo emocional de la mujer gestante con el feto?

a) Primer trimestre.
b) Segundo trimestre.
c) Tercer trimestre.
d) Etapa postnatal.

17. ¿Cuál de los siguientes factores puede influir en los cambios psicológicos de la mujer durante el embarazo?

a) Historia de salud mental previa.
b) Nivel de apoyo social.
c) Estrés financiero o social.
d) Todas las anteriores.

18. ¿Cuál es una intervención clave del personal de enfermería para apoyar a la mujer gestante en los cambios psicológicos durante el embarazo?

a) Proporcionar información sobre técnicas de reducción de estrés.
b) Fomentar el aislamiento social.
c) Evitar hablar sobre los miedos de la paciente.
d) Aconsejar que no realice ninguna actividad física.

19. De los siguientes síntomas uno no es propio de la inversión uterina; señala cuál es:

a) Hemorragia vaginal profusa después de la salida fetal.
b) Dolor debido a la hipertonía que se produce.
c) Bradicardia.
d) Shock materno profundo.

20. Señala cuál de los siguientes factores NO favorece la involución uterina:

a) Un trabajo de parto y parto sin complicaciones.
b) La lactancia materna y deambulación precoz.
c) La vejiga llena.
d) Todas las respuestas son falsas.

En MADTEST tienes **más preguntas de este tema**, y todos tus avances quedan registrados y se reflejan en el ranking.

¡Supera tus límites con MADTEST!

Solución al test n.º 25

1. d) Modificaciones del apetito.

2. b) Aumento de la vascularización de cuello uterino y vagina.

3. b) Pirosis.

4. b) Evitar grasas y fritos, sustancias irritantes (café, bebidas con gas, alcohol y tabaco).

5. c) Hipersomnia, ambivalencia, introversión y aceptación.

6. d) Alrededor de 200 mcg/día.

7. b) Defectos del tubo neural.

8. c) Embarazadas entre las 24 y 28 semanas de gestación.

9. c) Se detecta la presencia de actividad cardiaca fetal.

10. a) Sulfato de magnesio.

11. c) Si la tensión arterial sistólica aumenta 30 mmHg o más o si la tensión diastólica aumenta 15 mmHg o más a los valores previos al embarazo.

12. b) Su resultado indica diabetes gestacional si hay dos o más valores que igualan o superan los límites.

13. b) Madre Rh– e hijo Rh+ en la segunda gestación, si no se le ha administrado gammaglobulina anti D a la madre después de la primera gestación.

14. b) En pacientes sensibilizadas Rh.

15. d) Periodo de dilatación, dividido a su vez en fase latente y activa de parto, periodo de expulsivo y periodo de alumbramiento.

16. b) Segundo trimestre.

17. d) Todas las anteriores.

18. a) Proporcionar información sobre técnicas de reducción de estrés.

19. c) Bradicardia.

20. c) La vejiga llena.

Valoración y cuidados de enfermería a la mujer en el climaterio: prevención y control de riesgos. Educación para la salud individual y grupal. Diagnóstico precoz del cáncer ginecológico

1. La vía de administración de estrógenos en pacientes en el periodo del climaterio puede ser:

a) Oral.
b) Intranasal.
c) Transdérmica.
d) Todas son ciertas.

2. La terapia hormonal sustitutiva a largo plazo:

a) Alivia los sofocos.
b) Mejora la libido.
c) Disminuye el riesgo cardiovascular.
d) Mejora las sudoraciones.

3. La terapia hormonal sustitutiva en pacientes en el periodo del climaterio está contraindicada en el caso de que la paciente presente:

a) Hepatomegalia.
b) Diabetes grave con lesiones vasculares.
c) Endometriosis.
d) Todas son ciertas.

4. Si tenemos una mujer en el climaterio tratada con terapia hormonal sustitutiva y le ponen la pauta 4 tomará:

a) Estrógenos equinos 21 días o continuos orales y progesterona micronizada 10-14 días.
b) 17-Beta-Estradiol vía dérmica dos días a la semana de forma continua pero la progesterona micronizada de forma continua el primer mes bajando dosis a partir del segundo.
c) Estrógeno solo en la primera fase y estrógeno más gestágeno en la segunda, de gran utilidad en la perimenopausia.
d) Ninguna es cierta.

5. Si nuestra paciente de 50 años toma estrógenos sin descanso y progesterona durante 10-14 días del ciclo, podemos afirmar que está en una pauta:

a) Continua secuencial.
b) Cíclica.
c) Continua combinada.
d) Basal.

6. El cáncer de cérvix es menos común en los países desarrollados por:

a) La mejor nutrición de la población en general.
b) El constante seguimiento de los pacientes en estos países.
c) El uso habitual de las pruebas de Papanicolaou.
d) El estado de salud general de la población es mejor en los países desarrollados.

7. El cáncer de cérvix comienza con una afección precancerosa llamada:

a) Displasia.
b) Papanicolaou.
c) Neocérvix.
d) Cervicoma primario.

8. Es falso que el cáncer de cérvix:

a) Suele ser causado por el HPV.
b) Se da con mayor frecuencia entre los 45-55 años.
c) Suele aparecer con una afección precancerosa que puede tardar años en tornarse cancerosa.
d) Una vez que la lesión se torna cancerosa su extensión y malignidad son altas.

9. Al comienzo de la enfermedad la sintomatología del cáncer incluye:

a) Hemorragia vaginal.
b) Secreción vaginal continua.
c) Leucorrea.
d) Es asintomática.

10. Cuándo el cáncer de cérvix se ha diseminado por las áreas cercanas pero aún se encuentra en el área pélvica se encuentra en el estadio:

a) 0.
b) 1.
c) 2.
d) 3.

11. Entre las pruebas diagnósticas para diagnosticar un cáncer de cérvix no encontramos:

a) Historia clínica.
b) Colposcopia.
c) Citología con tinción de Pap.
d) Colposcopia con biopsia.

12. Si tenemos una sospecha razonable de cáncer de cérvix y queremos hacer una biopsia usaremos una:

a) Litotricia.
b) Histerectomía parcial.
c) Conización.
d) Extensión celular.

13. El tipo más común de adenocarcinoma endometrial es:

a) El adenocarcinoma endometrial.
b) El adenocarcinoma seroso papilar.
c) El adenocarcinoma de células claras.
d) El neocitoma endometrial.

14. Entre los factores de riesgo del cáncer endometrial se encuentra:

a) Obesidad.
b) Terapia de reemplazo de estrógeno.
c) Hipertensión.
d) Todas son ciertas.

15. Cuando el cáncer endometrial presenta metástasis en otros órganos se encuentra en la etapa:

a) 2.
b) 3.
c) 4.
d) 5.

16. El síntoma más frecuente del cáncer de endometrio es:

a) El dolor.
b) La metrorragia.
c) La leucorrea.
d) El malestar general.

17. ¿Cuál de las siguientes actividades preventivas son aptas para un cáncer de endometrio?

a) A las mujeres que presenten cualquiera de los factores de riesgo para el cáncer endometrial se les debe hacer un seguimiento estricto por parte de los médicos.
b) Si se desea el embarazo, hacerlo antes de la edad de 30 años.
c) Control de peso en obesas.
d) Todas son ciertas.

18. ¿Cuál de las siguientes afirmaciones sobre el cáncer de ovario es falsa?

a) Solo el 10 % se diagnostica en fases tempranas de la enfermedad.
b) Es el cáncer ginecológico de peor pronóstico.
c) Suele aparecer en la juventud.
d) Si se trata antes de que se disemine fuera del ovario la tasa de supervivencia a los 5 años es del 94 %.

19. Entre los factores de riesgo de padecer un cáncer de ovario encontramos:

a) Menarquia precoz.
b) Uso de polvos de talco.
c) Infección de paperas en la infancia.
d) Todas son ciertas.

20. ¿Cuál de los siguientes no es un factor protector del cáncer de ovario?

a) Terapia hormonal restitutiva.
b) Multiparidad.
c) Embarazo.
d) Anticonceptivos orales.

En MADTEST tienes **más preguntas de este tema**, y todos tus avances quedan registrados y se reflejan en el ranking.

¡Supera tus límites con MADTEST!

Solución al test n.º 26

1. d) Todas son ciertas.

2. c) Disminuye el riesgo cardiovascular.

3. d) Todas son ciertas.

4. c) Estrógeno solo en la primera fase y estrógeno más gestágeno en la segunda, de gran utilidad en la perimenopausia.

5. a) Continua secuencial.

6. c) El uso habitual de las pruebas de Papanicolaou.

7. a) Displasia.

8. d) Una vez que la lesión se torna cancerosa su extensión y malignidad son altas.

9. d) Es asintomática.

10. c) 2.

11. a) Historia clínica.

12. c) Conización.

13. a) El adenocarcinoma endometrial.

14. d) Todas son ciertas.

15. c) 4.

16. b) La metrorragia.

17. d) Todas son ciertas.

18. c) Suele aparecer en la juventud.

19. d) Todas son ciertas.

20. a) Terapia hormonal restitutiva.

Valoración y cuidados de enfermería del niño sano de cero a catorce años. Pruebas metabólicas. Etapas del desarrollo infantil. Parámetros de desarrollo y crecimiento. Respuesta evolutiva. Medidas para el fomento de la salud en las diferentes etapas: higiene, alimentación y nutrición, dentición. Higiene y salud bucodental: prevención de caries. Prevención de accidentes infantiles

1. El primer diente debe aparecer antes de… y deben estar completos a…

a) Antes de los 3 meses y deben estar completos a los 18 meses.
b) Antes de los 6 meses y deben estar completos a los 18 meses.
c) Antes del año y deben estar completos a los 18 meses.
d) Antes del año y deben estar completos a los 30 meses.

2. ¿De cuántas piezas se compone la dentición secundaria o permanente?

a) De 20 piezas.
b) De 26 piezas.
c) De 32 piezas.
d) De 36 piezas.

3. ¿Cuál es el primer diente definitivo que surge en el niño?

a) Molar de los 8 años.
b) Molar de los 6 años.
c) Premolar de los 8 años.
d) Premolar de los 6 años.

4. ¿Cuál es el primer signo de maduración sexual en la niña púber?

a) Implantación del vello axilar.
b) Crecimiento mamario.

c) Cambio tonal en la voz.
d) Menarquia.

5. ¿Cuál de estas consideras la causa más frecuente de mortalidad entre los 3 y los 5 años?

a) Enfermedades congénitas.
b) Accidentes.
c) Malnutrición.
d) Prematuridad.

6. ¿Qué se estudia en la somatometría en el período preescolar?

a) Examen de peso.
b) Examen de talla.
c) Examen de peso y talla.
d) Examen de peso, talla, perímetro craneal y perímetro torácico.

7. ¿Qué áreas valora el test de Denver modificado en el período preescolar?

a) Lenguaje y sociabilidad.
b) Manipulación (motor fino) y postural (motor grueso).
c) Lenguaje, manipulación (motor fino) y postural (motor grueso).
d) Lenguaje, manipulación (motor fino), postural (motor grueso) y sociabilidad.

8. ¿Qué accidentes son especialmente frecuentes y graves (aumentan la mortalidad en estas edades) en el período escolar?

a) Caídas.
b) Quemaduras.
c) Accidentes de tráfico.
d) Accidentes domésticos.

9. Se habla de enanismo cuando la talla está por:

a) Debajo de menos dos veces la desviación típica en relación con la media.
b) Debajo de menos tres veces la desviación típica en relación con la media.
c) Debajo de menos cuatro veces la desviación típica en relación con la media.
d) Nada de lo anterior es cierto.

10. La predicción de obesidad se relaciona mejor con su presencia en la edad:

a) Neonatal.
b) De lactancia.
c) Escolar.
d) Adolescente.

11. Se considera que existe obesidad en los niños, para su edad correspondiente, cuando el valor del IMC es superior al percentil:

a) 50.
b) 75.
c) 85.
d) 90.

12. ¿Cómo se conoce cuando se inicia la diversificación alimentaria en un lactante o proceso en el cual se inicia la combinación en la dieta de la leche (materna o /y de fórmula, artificial o maternizada) y de otros alimentos?

a) Inicio de Denver.
b) Inicio de Tanner.
c) Inicio de Quetelet.
d) Inicio de Beikost.

13. ¿Qué cereal de estos no posee gluten en su composición?

a) Centeno.
b) Trigo.
c) Arroz.
d) Avena.

14. ¿Cuántas serán aproximadamente el número de tomas diarias de lactancia materna o fórmula de inicio durante el primer trimestre de vida?

a) De 8 a 10.
b) De 5 a 6.
c) De 4 a 5.
d) De 3 a 4.

15. ¿En qué momento de la vida del infante se disminuirán las tomas de leche a tres, bien sea mediante lactancia materna o mediante lactancia artificial de continuación (leche adaptada)?

a) A los 1 a 3 meses de vida.
b) A los 3 a 4 meses de vida.
c) A los 5 meses de vida.
d) A los 6 meses de vida.

16. ¿Qué alimentos de estos se podrán dar al lactante durante el noveno o décimo mes de vida?

a) Yogurt natural.
b) Yema de huevo.

c) Son ciertas las respuestas a) y b).

d) No se pueden dar ninguno de los mencionados en las respuestas a) y b).

17. ¿En qué día se realiza la prueba del talón?

a) A partir del primer mes de vida.

b) A partir de su nacimiento.

c) Entre el segundo y tercer día de vida.

d) El día de su nacimiento.

18. El cribaje neonatal precoz permite detectar:

a) Fenilcetonuria, galactosemia y acidosis glutárica.

b) Fenilcetonuria, fibrosis quística e hipotiroidismo.

c) Hipotiroidismo, deficiencia acil-coa cadena larga, fibrosis quística y anemia falciforme.

d) Fenilcetonuria, hipotiroidismo, anemia falciforme, fibrosis quística, acidemia glutárica, deficiencia acil-coa cadena media y deficiencia acil-coa cadena larga.

19. En relación con la prueba de detección neonatal precoz, ¿cuál de las siguientes opciones es la correcta?

a) La muestra en sangre se obtiene por punción de talón.

b) Se excluye a los recién nacidos que nacen prematuramente.

c) Debe realizarse dentro de las primeras 24 horas de vida.

d) No debe realizarse a los recién nacidos macrosómicos.

20. Señale la respuesta correcta en relación con el programa de detección precoz de enfermedades congénitas endocrinas y metabólicas de Castilla-La Mancha:

a) En el recién nacido a término con peso superior a 2.500 gramos se tomará una primera muestra a las 48 - 72 horas de vida.

b) En el recién nacido con peso inferior a 2.500 gramos se tomará una primera muestra a las 24 horas de vida y una segunda muestra por protocolo al mes de vida.

c) En el recién nacido con prematuridad extrema se tomará una primera muestra al alcanzar un peso de 1.500 gramos.

d) Todas las respuestas son correctas.

En MADTEST tienes **más preguntas de este tema**, y todos tus avances quedan registrados y se reflejan en el ranking.

¡Supera tus límites con MADTEST!

Solución al test n.º 27

1. d) Antes del año y deben estar completos a los 30 meses.

2. c) De 32 piezas.

3. b) Molar de los 6 años.

4. b) Crecimiento mamario.

5. b) Accidentes.

6. c) Examen de peso y talla.

7. d) Lenguaje, manipulación (motor fino), postural (motor grueso) y sociabilidad.

8. c) Accidentes de tráfico.

9. c) Debajo de menos cuatro veces la desviación típica en relación con la media.

10. c) Escolar.

11. d) 90. Aptdo.

12. d) Inicio de Beikost.

13. c) Arroz.

14. b) De 5 a 6.

15. d) A los 6 meses de vida.

16. c) Son ciertas las respuestas a) y b).

17. c) Entre el segundo y tercer día de vida.

18. d) Fenilcetonuria, hipotiroidismo, anemia falciforme, fibrosis quística, acidemia glutárica, deficiencia acil-coa cadena media y deficiencia acil-coa cadena larga.

19. a) La muestra en sangre se obtiene por punción de talón.

20. a) En el recién nacido a término con peso superior a 2.500 gramos se tomará una primera muestra a las 48 - 72 horas de vida.

Valoración y cuidados de enfermería del niño enfermo. Recién nacido de bajo peso y prematuro, crisis convulsivas en los niños. Insuficiencia respiratoria aguda. Problemas gastrointestinales agudos. Deshidratación. Otros problemas más frecuentes. Procedimientos y técnicas de enfermería. Problemas derivados del ingreso del niño en el hospital

1. Señala los signos físicos que indican inmadurez fetal:

a) Piel dura, agrietada, arrugada.
b) Testículos descendidos con rugosidades abundantes.
c) Lanugo abundante, superficie plantar sin pliegues.
d) Todas son correctas.

2. Se considera recién nacido de bajo peso para la edad gestacional, todo aquel con:

a) Un peso inferior a 2.000 g.
b) Una edad gestacional inferior a 37 semanas.
c) Un peso inferior a 2.000 g y una edad gestacional por debajo de las 37 semanas.
d) Un peso inferior al percentil 10 para su edad gestacional.

3. El recién nacido prematuro es aquel que:

a) Nace antes de las 40 semanas de gestación.
b) Nace antes de las 37 semanas de gestación y pesa menos de 1500 g.
c) Nace antes de las 37 semanas de gestación independientemente del peso.
d) Nace entre la 37 y la 38 semanas de gestación.

4. Las convulsiones en la infancia pueden tener, como etiología conocida, todas las siguientes a excepción de:

a) Administración de medicamentos.
b) Procesos infecciosos.

c) Fiebre.
d) Traumatismos.

5. La madre de una niña que presenta convulsiones febriles simples desconoce hasta qué edad pueden presentarse. La respuesta del enfermero se basa en el conocimiento de los límites de edad en que son más propias; ¿cuál es esta franja?

a) De 6 meses a 5 años.
b) De 1 a 7 años.
c) De recién nacido a 2 años.
d) De 3 a 6 años.

6. El tratamiento farmacológico ante una convulsión febril en la infancia es:

a) Clonazepam.
b) Gabapentina.
c) Fenobarbital.
d) Midazolan.

7. En la planificación de cuidados del niño con gastroenteritis aguda y signos de deshidratación grave, la enfermera deberá tener presente que la base primordial del tratamiento es:

a) Fármacos antidiarreicos.
b) Protectores gástricos.
c) Sueroterapia.
d) Suspender la lactancia materna.

8. La celiaquía es una enfermedad intestinal crónica que se caracteriza por:

a) Intolerancia a la lactosa.
b) Intolerancia a las proteínas de la leche de vaca.
c) Intolerancia al gluten.
d) Intolerancia a los hidratos de carbono.

9. La pérdida de temperatura ocurre a través de cuatro mecanismos básicos: evaporación, radiación, convección y conducción. Debido a ellos el neonato puede tener una temperatura corporal adecuada. Señala la respuesta falsa:

a) Tras el nacimiento todos los neonatos deber ser secados inmediatamente para eliminar las pérdidas debido a la convección.
b) La temperatura ambiente ideal es el entorno térmico neutro.
c) La lesión por frío grave se manifiesta por acidosis, hipoxia, apnea, bradicardia.
d) La producción de calor en un neonato se realiza predominantemente por termogénesis sin escalofríos en áreas tisulares especializadas que contienen grasa parda.

10. Martín es un recién nacido en el que, al ser dado de alta, el pediatra observa una coloración amarilla de piel y mucosas por lo que solicita una Bilirrubina y al recibir los resultados decide dejarle ingresado para someterlo a fototerapia, la madre siente gran frustración y preocupación. La actuación de la enfermera al valorar dicha situación sería decirle a la madre:

a) Que es debido a un pigmento llamado bilirrubina y es muy frecuente en los recién nacidos y al ser inmaduro su hígado no puede conjugarla.

b) Explicarle que es fisiológica y que la fototerapia ayudará a que elimine la bilirrubina, responsable de esa ictericia.

c) Que en cuanto las cifras de bilirrubina alcancen su valor normal Martin será dado de alta.

d) Todas las respuestas son ciertas.

11. Dentro de los cuidados a un neonato en tratamiento de fototerapia:

a) Nunca se realizan en cuna térmica.

b) Hay que realizar una restricción hídrica.

c) Se produce un aumento de la concentración de calcio.

d) Hay que colocar una protección ocular.

12. ¿A qué se debe la Enfermedad hemorrágica del RN?

a) A un déficit fisiológico de vitamina K.

b) A una alteración de la vía intrínseca de la coagulación.

c) A un déficit fisiológico de fibrinógeno.

d) A una trombopenia en caso de sangrado masivo durante el parto.

13. Según Gamerzy, todo cambio producido en el ambiente que, al actuar sobre una persona media, induce tensiones emocionales y altera el normal patrón de respuestas, se denomina:

a) Problema emocional.

b) Estrés.

c) Variable.

d) Ninguna respuesta es correcta.

14. Para Rodríguez Marín, una de las consecuencias del ingreso de un enfermo en el hospital es:

a) Exigencias de adaptación tanto al entorno físico como psicosocial, y la necesidad de un cambio de hábitos comportamentales personales.

b) Pérdida de la intimidad y de la privacidad.

c) Extrañamiento por inserción en un medio desconocido con pautas culturales diferentes.

d) Todas las respuestas son correctas.

15. ¿Cómo se denomina la respuesta de adaptación del paciente, en la que, según Coe, este asume la rutina del hospital mientras se evalúa su situación, permanece pasivo y cumple las demandas impuestas?

a) Integración.
b) Conformidad.
c) Aquiescencia.
d) Pasividad comportamental.

16. Con respecto al enfermo de cáncer:

a) La palabra cáncer tiene gran contenido emocional, su significado es distinto para los profesionales que para los profanos.
b) No es conveniente utilizar la palabra cáncer cuando hablemos al enfermo acerca de su padecimiento.
c) Los procesos cancerosos recidivan más fácilmente y tienen una evolución más precipitada y maligna cuando los enfermos no siguen terapia psicológica.
d) Todas las respuestas son correctas.

17. El dolor grato y placentero ocurre en tres tipos de personas:

a) Los masoquistas, los ansiosos de evasión y los ansiosos de estimación.
b) Los agresivos, los introvertidos y los masoquistas.
c) Los deprimidos, los introvertidos y los autoagresivos.
d) Los ansiosos de evasión, los autoagresivos y los anoréxicos.

18. ¿Qué autor considera que las situaciones de estrés son aquellas que necesitan un ajuste del organismo, pudiendo ser estas agradables o desagradables, dándole mayor importancia a la intensidad del ajuste que la situación requiera?

a) Ilfield.
b) Gamerzy.
c) Lazarus.
d) Selye.

19. ¿Qué tipo de respuesta de afrontamiento trata de buscar el significado de la enfermedad y reinterpretar nuestra vida en función de ello, se da en personas que afrontan la situación con mayor optimismo y parece aumentar la supervivencia en pacientes con cáncer de mama?

a) Resignación o aceptación de la enfermedad.
b) Reinterpretación positiva.
c) Evitación.
d) Conductas confrontativas.

20. Señale la respuesta incorrecta respecto al paciente hospitalizado:

a) Existe una subcultura hospitalaria con normas, valores, símbolos, a la que el paciente hospitalizado es sometido sin desearlo ni comprenderlo.

b) Aunque los profesionales sanitarios han desarrollado los mecanismos de defensa necesarios para realizar adecuadamente su trabajo en un hospital, el ambiente hospitalario genera reacciones psíquicas bastante significativas en el paciente ingresado.

c) En el hospital, se le impide al paciente utilizar determinados recursos a los que acudiría un enfermo no hospitalizado.

d) El paciente en la situación de desamparo buscará más activamente mejorar su condición y le costará menos trabajo decidir sobre su propio.

En MADTEST tienes **más preguntas de este tema**, y todos tus avances quedan registrados y se reflejan en el ranking.

¡Supera tus límites con MADTEST!

Solución al test n.º 28

1. d) Todas son correctas.

2. d) Un peso inferior al percentil 10 para su edad gestacional.

3. c) Nace antes de las 37 semanas de gestación independientemente del peso.

4. a) Administración de medicamentos.

5. a) De 6 meses a 5 años.

6. c) Fenobarbital.

7. c) Sueroterapia.

8. c) Intolerancia al gluten.

9. a) Tras el nacimiento todos los neonatos deber ser secados inmediatamente para eliminar las pérdidas debido a la convección.

10. d) Todas las respuestas son ciertas.

11. d) Hay que colocar una protección ocular.

12. a) A un déficit fisiológico de vitamina K.

13. b) Estrés.

14. d) Todas las respuestas son correctas.

15. c) Aquiescencia.

16. d) Todas las respuestas son correctas.

17. a) Los masoquistas, los ansiosos de evasión y los ansiosos de estimación.

18. d) Selye.

19. b) Reinterpretación positiva.

20. d) El paciente en la situación de desamparo buscará más activamente mejorar su condición y le costará menos trabajo decidir sobre su propio.

Valoración y cuidados de enfermería en pacientes con procesos infectocontagiosos: hepatitis, tuberculosis, infección por VIH. Otros procesos infecciosos. Medidas de prevención y control. Procedimientos y técnicas de enfermería

1. Señala cuál de las siguientes enfermedades presenta un nivel elevado de virulencia:

a) Poliomielitis.
b) Sarampión.
c) Varicela.
d) Viruela.

2. La patogenicidad de poliomielitis se encuentra en un nivel:

a) Muy bajo.
b) Bajo.
c) Intermedio.
d) Elevado.

3. En el caso del VIH, ¿qué tipo de enzima permite la copia de las cadenas del ARN en el citoplasma celular?

a) Transcriptasa inversa.
b) Polimerasa inversa.
c) Integrasa inversa.
d) Proteasa inversa.

4. Señala en cuál de las siguientes secreciones se puede encontrar la presencia del VIH aunque sin capacidad infectante:

a) Orina.
b) Leche materna.
c) Semen.
d) Sangre.

5. La transmisión vertical del VIH tiene su momento más efectivo durante:

a) La concepción.
b) El embarazo.
c) El parto.
d) La lactancia.

6. Los factores que intervienen en la transmisión vertical son los siguientes. Señala la respuesta incorrecta:

a) Viral.
b) Déficit de vitamina K.
c) Fetal.
d) Placentario.

7. La prueba por medio de la cual se pone en contacto el suero del paciente con partículas antigénicas del VIH, coloreándose el suero ante anticuerpos frente al VIH se denomina:

a) Western Blot.
b) Radioinmunoprecipitación.
c) Cultivo viral.
d) ELISA.

8. ¿Qué prueba es considerada como prueba definitiva de infección por el VIH?:

a) Inmunofluorescencia indirecta (IFI).
b) Enzimoinmunoanálisis lineal (LIA).
c) Radioinmunoprecipitación (RIPA).
d) Western Blot.

9. ¿En qué tipo de infección oportunista su clínica es fundamentalmente pulmonar y su tratamiento de elección es el Trimetropin-sulfametoxazol?

a) *Pneumocystis carinii.*
b) *Mycrosporidium.*
c) Infecciones por hongos.
d) Tuberculosis.

10. ¿Qué tipo de infección oportunista relacionada con el padecimiento por el VIH no está relacionada con el número de linfocitos CD4?

a) *Pneumocystis carinii.*
b) *Mycrosporidium.*
c) Infecciones por hongos.
d) Tuberculosis.

11. Es una zoonosis transmitida por agua de grifo:

a) Cryptosporidium parvum.
b) Isospora belli.
c) Mycrosporidium.
d) Pneumocystis carinii.

12. ¿Qué tipo de virus causan manifestaciones clínicas en la retina, esófago, colon y se presenta a veces de forma sistémica con afectación del sistema nervioso central y periférico?

a) Virus JC.
b) Virus de la hepatitis.
c) Virus Epstein-Barr.
d) Citomegalovirus.

13. ¿Cuál es la vía de transmisión más frecuente de la Hepatitis B?:

a) Parenteral.
b) Vertical.
c) Sexual.
d) Desconocida.

14. En el cuadro habitual de neoplasia en pacientes VIH, ¿qué tipo de tumor es independiente del nivel de linfocitos CD4?

a) Linfoma no Hodgkin.
b) Linfoma primario del SNC.
c) Sarcoma de Kaposi.
d) Sarcoma de Ewing.

15. ¿Qué tipo de antirretrovirales impiden que el virus entre en las células sanas?

a) Inhibidores de la integrasa.
b) Inhibidores de fusión.
c) Inhibidores de transcriptasa.
d) Inhibidores selectivos de proteasa.

16. Las intervenciones enfermeras necesarias para el manejo de la inmunización/vacunación se realizará cuando exista un riesgo de:

a) Desequilibrio nutricional.
b) Incumplimiento de tratamiento.
c) Infección.
d) Conocimientos deficientes.

17. La actividad de enfermería tal y como proporcionar el teléfono por si surgen complicaciones corresponde a un diagnóstico de:

a) Riesgo.
b) Conocimientos deficientes.
c) Incumplimiento de tratamiento.
d) Ansiedad.

18. El mecanismo de transmisión de la hepatitis A es:

a) Vía parenteral.
b) Transmisión vertical.
c) Sangre y derivados.
d) Fecal-oral.

19. Conocido como el virus NANB transmitido por vía entérica (fecal-oral). Pertenece a la familia de los Hepeviridae. Posee un ARN de cadena simple y un HEAg con un tamaño total que oscila entre 32 y 34 nm de diámetro. Nos referimos a:

a) Hepatitis E.
b) Flavivirus.
c) Virus Epstein-Barr.
d) Citomegalovirus.

20. De las siguientes medidas de profilaxis, una no corresponde a las que se debe adoptar en caso de hepatitis B. Señala cuál:

a) Detección de Ag-HBs en bancos de sangre.
b) Aislamiento entérico de los infectados y desinfección adecuada de los elementos que utilice.
c) Inmunoprofilaxis pasiva. Se dispone de Gammaglobulina anti VHB que contiene un efecto preventivo de unos 25 días.
d) Inmunoprofilaxis activa. La más utilizada es la vacuna recombinante (HbsAg) mediante ingeniería genética.

En MADTEST tienes **más preguntas de este tema**, y todos tus avances quedan registrados y se reflejan en el ranking.

¡Supera tus límites con MADTEST!

Solución al test n.º 29

1. d) Viruela.

2. b) Bajo.

3. a) Transcriptasa inversa.

4. a) Orina.

5. c) El parto.

6. b) Déficit de vitamina K.

7. d) ELISA.

8. d) Western Blot.

9. a) Pneumocystis carinii.

10. d) Tuberculosis.

11. a) Cryptosporidium parvum.

12. d) Citomegalovirus.

13. a) Parenteral.

14. c) Sarcoma de Kaposi.

15. b) Inhibidores de fusión.

16. c) Infección.

17. b) Conocimientos deficientes.

18. d) Fecal-oral.

19. a) Hepatitis E.

20. b) Aislamiento entérico de los infectados y desinfección adecuada de los elementos que utilice.

Valoración y cuidados de enfermería en las personas de edad avanzada. Principales cambios en el proceso de envejecimiento. Valoración geriátrica integral: clínica, funcional, mental y social. Orientación para el autocuidado. Hábitos dietéticos. Prevención de accidentes y deterioro cognitivo. El apoyo al cuidador principal y familia. Grandes síndromes geriátricos. Plan Gerontológico Nacional: Generalidades. Atención de enfermería a las personas en situación de dependencia. Abordaje Integral de la Cronicidad y Prevención de la Fragilidad

1. El dispositivo geriátrico denominado "hospital de día geriátrico" pertenece al nivel asistencial:

a) Primario.
b) Secundario.
c) Terciario.
d) Atención de urgencias.

2. Los dispositivos geriátricos que se ubican en el primer nivel asistencial se sitúan en:

a) La Atención Primaria.
b) La Atención Especializada.
c) La Atención Terciaria.
d) La Atención de Urgencias.

3. Tomando como referencia los fundamentos de la atención al anciano, la metodología del acto geriátrico no pasa por:

a) Valorar la situación de las necesidades de la persona, sobre todo lo referido a las actividades de la vida diaria (AVD) de la forma más real posible.
b) Para identificar mejor el nivel de la situación proponer al paciente su realización y observar.

c) Intentar no marcar la "hora" de realización ni el tiempo, dejar al anciano que siga su ritmo.

d) Proponer objetivos demasiado ambiciosos pasando de inmediato al nivel superior.

4. Con respecto a las modificaciones funcionales cardiovasculares que aparecen en el anciano sano, ¿cuál de las siguientes modificaciones no es correcta?

a) Disminución de la fuerza de contracción miocárdica.
b) Disminución del gasto cardiaco.
c) Alargamiento de la duración de la sístole y la diástole.
d) Modificación de la tensión arterial.

5. Con respecto a las modificaciones de la piel que aparecen en el anciano sano, ¿cuál de las siguientes modificaciones no es correcta?

a) Atrofia de las glándulas sebáceas.
b) El colágeno se hace más rígido.
c) Aumento de grasa subcutánea.
d) Piel seca y frágil.

6. Con respecto a las modificaciones de la boca y dentadura que aparecen en el anciano sano, ¿cuál de las siguientes modificaciones no es correcta?

a) Aumento de la producción de saliva.
b) Desgaste del esmalte y la dentina.
c) Aumento del cemento.
d) Atrofia gingival.

7. Tomando como referencia las modificaciones fisiológicas del anciano y más concretamente las alteraciones funcionales respiratorias, indique la opción cierta:

a) Una disminución de la frecuencia respiratoria.
b) Un aumento de la capacidad vital.
c) Aumento del volumen residual.
d) Disminución del volumen respiratorio.

8. ¿Cuál de los siguientes factores provocan la reducción de la estatura en los ancianos sanos?

a) Compresión de los discos y cuerpos vertebrales.
b) Cifosis dorsal con flexión de las extremidades superiores.
c) Aumento de la rigidez del hueso.
d) En los ancianos sanos no hay una reducción de la estatura.

9. Durante el envejecimiento normal se produce alteraciones de la memoria:

a) Sensorial.
b) A corto plazo.
c) Semántica.
d) A largo plazo.

10. En la valoración afectiva y perceptiva del anciano podemos utilizar la denominada Rating Scale para Depresión de Hamilton. ¿Dónde está la puntuación de corte en esta escala para diagnosticar depresión mayor?

a) 30.
b) 7.
c) 13.
d) 18.

11. Incluimos a un anciano en una valoración social, y para ello hemos utilizando la denominada escala social de Gijón obteniendo un resultado de 13. ¿Cuál sería la interpretación correcta?

a) Aceptable situación social.
b) Existe riesgo social.
c) Problema social instaurado.
d) Aislamiento social.

12. ¿Qué enfermera es considerada la primera en iniciar los primeros estudios sobre valoración geriátrica?

a) Marjory Gordon.
b) Marjory Warren.
c) Nancy Roper.
d) Imogene King.

13. De las siguientes opciones, ¿cuál considerarías que no es una ventaja de la denominada valoración geriátrica integral?

a) Mejora la exactitud diagnóstica y la identificación de enfermedades o problemas que fácilmente no se han detectado con la valoración médica tradicional.
b) No permite analizar las posibles interacciones existentes entre los problemas detectados en los distintos niveles de la valoración (física, funcional, psíquica y social).
c) Identificar la situación de partida del paciente lo que nos permitirá tanto predecir su evolución como advertir los cambios que se presenten a lo largo del tiempo.
d) Establecer un escenario adecuado para el anciano con el fin de evitar la institucionalización y cuando ésta se produce valorar la ubicación más adecuada.

14. ¿Qué tipo de valoración es considerada por la OMS como la mejor forma de medir la salud de los mayores, ya que función y enfermedad van a estar relacionadas?

a) Valoración funcional.
b) Valoración clínica.
c) Valoración crítica.
d) Valoración por aparatos y sistemas.

15. De las siguientes actividades que podemos realizar las personas, ¿cuál es considerada como una actividad básica de la vida diaria?

a) Cocinar.
b) Realizar la compra.
c) Utilizar el teléfono.
d) Vestirse.

16. Incluimos a un anciano en una valoración de las actividades de la vida diaria, para ello hemos utilizando el denominado Índice de Barthel obteniendo un resultado de 18; ¿cuál sería la interpretación correcta?

a) Dependencia leve o independencia.
b) Dependencia moderada.
c) Dependencia moderada.
d) Dependencia severa.

17. ¿Cuál de los siguientes instrumentos de valoración está diseñado para valorar las actividades instrumentales de la vida diaria?

a) Escala de la Incapacidad Física de la Cruz Roja.
b) Índice de Katz.
c) Índice de Lawton y Brody.
d) Escala de Tinetti.

18. El instrumento más utilizado en Valoración Geriátrica Integral para valorar la movilidad de un individuo a través de la marcha y el equilibrio es:

a) Escala de la Incapacidad Física de la Cruz Roja.
b) Escala OARS.
c) Índice de Lawton y Brody.
d) Escala de Tinetti.

19. Incluimos a un anciano en una valoración cognitiva, para ello hemos utilizando el denominado Short Portable Mental Status Questionnaire de Pfeifer (SPMSQ) obteniendo un resultado de 3. ¿Cuál sería la interpretación correcta?

a) Deterioro intelectual moderado.
b) Deterioro intelectual leve.
c) Se considera normal.
d) Deterioro intelectual severo.

20. ¿Cuál de los siguientes no es considerado un instrumento de valoración del área cognitiva?

a) Test del reloj de Shulman.
b) Test de Blessed.
c) Mini Mental State Examination de Folstein (MMSE).
d) Escalas de Yesavage.

En MADTEST tienes **más preguntas de este tema**, y todos tus avances quedan registrados y se reflejan en el ranking.

¡Supera tus límites con MADTEST!

Solución al test n.º 30

1. b) Secundario.

2. a) La Atención Primaria.

3. d) Proponer objetivos demasiado ambiciosos pasando de inmediato al nivel superior.

4. b) Disminución del gasto cardiaco.

5. c) Aumento de grasa subcutánea.

6. a) Aumento de la producción de saliva.

7. d) Disminución del volumen respiratorio.

8. a) Compresión de los discos y cuerpos vertebrales.

9. b) A corto plazo.

10. d) 18.

11. b) Existe riesgo social.

12. b) Marjory Warren.

13. b) No permite analizar las posibles interacciones existentes entre los problemas detectados en los distintos niveles de la valoración (física, funcional, psíquica y social).

14. a) Valoración funcional.

15. d) Vestirse.

16. d) Dependencia severa.

17. c) Índice de Lawton y Brody.

18. d) Escala de Tinetti.

19. b) Deterioro intelectual leve.

20. d) Escalas de Yesavage.

Valoración y cuidados de enfermería en el enfermo terminal. Principales problemas. Atención a personas con dolor: tipos, características, escalas de medida, escala analgésica de la OMS, medidas no farmacológicas de la OMS para el control del dolor. Apoyo a la persona cuidadora y la familia

1. ¿Cuál es el objetivo principal de la sedación paliativa?

a) Acelerar la muerte del paciente.
b) Aliviar el sufrimiento refractario en la fase terminal.
c) Inducir el sueño profundo en todos los pacientes en cuidados paliativos.
d) Evitar la comunicación del paciente con la familia.

2. ¿Cuál de los siguientes medicamentos es más utilizado en la sedación paliativa?

a) Paracetamol.
b) Ibuprofeno.
c) Midazolam.
d) Furosemida.

3. ¿Qué pronóstico (en meses) de vida es el promedio general en pacientes terminales?

a) Está limitado a 2 meses (± 1).
b) Está limitado a 3 meses (± 2).
c) Está limitado a 6 meses (± 3).
d) Está limitado a 9 meses (± 3).

4. ¿Qué aspecto no es cierto de la situación terminal de un paciente?

a) Se caracteriza por un intenso sufrimiento y una alta demanda asistencial.
b) Los enfermos sufren síntomas multifactoriales, cambiantes y de intensidad variable.
c) El pronóstico de vida está limitado a 6 meses (± 3).
d) Presentan una enfermedad avanzada y progresiva, con ciertas posibilidades razonables de respuesta al tratamiento específico.

5. Respecto a los cuidados paliativos no es cierto que:

a) Mejoran la calidad de vida de los pacientes y de sus familias.
b) Alivian el dolor y otros síntomas.
c) Aceleran la muerte.
d) Afirman la vida, y consideran la muerte como un proceso normal.

6. En un enfermo terminal sometido a cuidados paliativos desde el momento inicial del diagnóstico y su comunicación, es prioritario a nivel conceptual:

a) El abordaje integral que propone el modelo de los cuidados paliativos.
b) Salvar la vida del paciente.
c) Ayudar exclusivamente a los familiares.
d) El control de hijos menores del paciente.

7. Según los principios planteados por Beauchamp y Childress sobre la bioética de los cuidados paliativos ¿Cuál es aquel que dice: "todas las personas tienen igual dignidad y merecen igual consideración y respeto"?

a) Principio de autonomía.
b) Principio de beneficencia.
c) Principio de integridad.
d) Principio de justicia.

8. ¿Qué principio básico según Beauchamp y Childress, se sintetiza con la expresión latina "primum non nocere"?

a) Justicia.
b) No maleficencia.
c) Autonomía.
d) Beneficencia.

9. La expresión desgraciada de un profesional sanitario sobre un enfermo terminal como "Ya no hay nada que hacer" contraviene el principio de:

a) Autonomía.
b) Beneficencia.
c) Integridad.
d) Justicia.

10. La utilización de medidas extraordinarias que no reportan ningún beneficio al enfermo, para prolongar su vida se denomina:

a) Eutanasia.
b) Eugenesia.
c) Distanasia.
d) Ortotanasia.

11. ¿En qué tipo de actuaciones se basan los cuidados paliativos?

a) Eutanasia.
b) Eugenesia.
c) Distanasia.
d) Ortotanasia.

12. ¿En qué base terapéutica se fundamenta la ortotanasia?

a) En la lucha contra las enfermedades infecciosas.
b) En la aplicación de medidas rehabilitadoras y fisioterapéuticas.
c) En la aplicación de cuidados postmorten.
d) Ninguna de las anteriores es cierta.

13. Respecto al duelo:

a) Existen duelos normales.
b) Existen duelos patológicos.
c) No todos los duelos se desarrollan de la misma manera.
d) Todo lo anterior es cierto.

14. ¿En qué fase aparece un estado de shock que se expresa con sensación de perplejidad estupor y entumecimiento emocional?:

a) Fase de embotamiento.
b) Fase de anhelo y búsqueda.
c) Fase de desorganización y desesperanza.
d) Fase de reorganización.

15. Es fundamental para la resolución del duelo:

a) El alejamiento del lugar del deceso.
b) La información veraz sobre la situación.
c) Exteriorizar las emociones y el dolor.
d) Aplicar técnicas de relajación y respiración.

16. ¿Cuánto es el tiempo más aceptado para que el proceso de duelo termine de una forma normal?:

a) Un año.
b) Dos años.
c) Tres años.
d) Cuatro años.

17. ¿Dónde incluirías las manifestaciones exteriores como los rituales funerarios durante la muerte? En:

a) El duelo.
b) La pena.
c) El luto.
d) La plegaria.

18. ¿Cómo puede el personal sanitario prevenir la aparición del duelo patológico?:

a) Aislando a la persona doliente.
b) Ayudando a la familia a vivir el duelo de modo personal.
c) Incentivando la participación activa de los familiares en el cuidado del paciente.
d) Controlando la expresión de las emociones.

19. ¿En qué fase del duelo del propio paciente (según la Doctora K. Ross y adaptado por Gómez Sancho), predomina la comunicación no verbal y la necesidad de intimidad?:

a) Aceptación.
b) Depresión preparatoria.
c) Pacto.
d) Negación.

20. En el diagnóstico de duelo normal, según taxonomía NANDA, existen factores etiológicos a considerar. Señale la respuesta incorrecta:

a) Muerte de una persona significativa.
b) Pérdida anticipada de un objeto significativo.
d) Anticipación a la pérdida de una persona significativa.
d) Inestabilidad emocional.

En MADTEST tienes **más preguntas de este tema**, y todos tus avances quedan registrados y se reflejan en el ranking.

¡Supera tus límites con MADTEST!

Solución al test n.º 31

1. b) Aliviar el sufrimiento refractario en la fase terminal.

2. c) Midazolam.

3. c) Está limitado a 6 meses (± 3).

4. d) Presentan una enfermedad avanzada y progresiva, con ciertas posibilidades razonables de respuesta al tratamiento específico.

5. c) Aceleran la muerte.

6. a) El abordaje integral que propone el modelo de los cuidados paliativos.

7. d) Principio de justicia.

8. b) No maleficencia.

9. b) Beneficencia.

10. c) Distanasia.

11. d) Ortotanasia.

12. d) Ninguna de las anteriores es cierta.

13. d) Todo lo anterior es cierto.

14. a) Fase de embotamiento.

15. c) Exteriorizar las emociones y el dolor.

16. b) Dos años.

17. d) Son ciertas a y b.

18. c) Incentivando la participación activa de los familiares en el cuidado del paciente.

19. a) Aceptación.

20. d) Inestabilidad emocional.

Valoración y cuidados de enfermería a personas con problemas de salud mental: trastornos psicóticos (esquizofrenia), trastornos neuróticos (fobias, ansiedad, trastorno obsesivocompulsivo), trastornos del estado de ánimo (depresión). Atención de enfermería a las urgencias psiquiátricas. Estrategias para la prevención del suicidio y la intervención ante tentativas autolíticas en Castilla-La Mancha. Red de Salud Mental: dispositivos, recursos, marco normativo. Plan de Salud mental de Castilla-La Mancha 2018-2025

1. ¿Cuál de los siguientes trastornos se inicia en la infancia y no suelen generar incapacidad?

a) Trastorno bipolar I.
b) Trastorno bipolar II.
c) Fobia específica.
d) Esquizofrenia.

2. Señala la afirmación correcta sobre las características afectivas de las personas con depresión:

a) Cuando se empeora la depresión, sin embargo, las personas centran más su atención en los fallos pasados y presentes.
b) En el momento en que la depresión se hace más profunda es más frecuente el intento de suicidio.
c) Cuando se intensifica la depresión, hay un fortalecimiento de vínculo afectivo con la familia.
d) Cuando se intensifica la depresión, hay un fortalecimiento de vínculo afectivo con los amigos.

3. Uno de los cambios fisiológicos que se producen en las personas con depresión es:

a) Deseo sexual hiperactivo.
b) Cambios en los patrones de sueño.

c) Mayor fatiga por el aumento del nivel de actividad.

d) Todas son correctas.

4. Las intervenciones de enfermería en relación con la desesperanza propia de los pacientes con depresión irán encaminadas, entre otros aspectos, a:

a) Estimular las percepciones realistas sobre sus capacidades.

b) Impedir el llanto, ya que no ayuda a salir de la depresión.

c) Ayudar al paciente a desterrar las creencias religiosas.

d) Animar al abandono del tratamiento, pues así logra el control de su vida sin necesidad de medicación.

5. Los fármacos utilizados con mayor profusión en el caso de depresión son:

a) Anticolinérgicos.

b) Sales de litio.

c) Antidepresivos tricíclicos (ADT).

d) Inhibidores de la monoaminooxidasa (IMAO).

6. ¿Qué fármaco se han utilizado de manera preventiva, como profilaxis de las recidivas maníacas?

a) Anticolinérgicos.

b) Sales de litio.

c) Antidepresivos tricíclicos (ADT).

d) Inhibidores de la monoaminooxidasa (IMAO).

7. ¿En cuál de los siguientes trastornos el tratamiento de elección son los fármacos antidepresivos de acción serotoninérgica, y los ISRS, acompañados de psicoterapia conductual?

a) Agorafobia.

b) Trastorno de ansiedad social (fobia social).

c) Fobia específica.

d) Trastorno obsesivo-compulsivo.

8. Señala la afirmación correcta sobre los trastornos de pánico:

a) Se caracterizan por la existencia de ataques de ansiedad y miedo, limitados a una circunstancia o estímulo concreto.

b) Duran pocos minutos y aparecen como crisis episódicas.

c) Dentro de los tratamientos psicológicos el menos efectivo es la terapia conductual.

d) El tratamiento farmacológico más efectivo son las sales de litio.

9. El miedo a estar solo en grandes espacios abiertos o en un lugar donde es difícil escapar o conseguir ayuda se conoce como:

a) Ansiedad social (fobia social).
b) Fobia específica.
c) Trastorno de ansiedad generalizada.
d) Agorafobia.

10. El miedo o ansiedad intensa en una o más situaciones sociales en las que el individuo está expuesto al posible examen por parte de otras personas es:

a) Fobia específica.
b) Trastorno de ansiedad social.
c) Trastorno de ansiedad generalizada.
d) Trastorno post traumático

11. El fármaco más utilizado en los casos más de ataques de trastorno de pánico es:

a) β-bloqueantes (propranolol).
b) Alprazolam.
c) Benzodiacepinas.
d) Ninguno de los anteriores.

12. Siguiendo el DSM-5, para diagnosticar el trastorno por ansiedad generalizada es necesario que los síntomas se produzcan durante más días de los que han estado ausentes durante un mínimo de:

a) Tres meses.
b) Seis meses.
c) Nueve meses.
d) Un año.

13. ¿Cuál de las siguientes características es aplicable a la esquizofrenia?

a) Suele aparecer en la adolescencia en forma de «brotes» agudos que interrumpen la vida normal del sujeto.
b) Es un cuadro que no reviste gravedad, pero es muy frecuente.
c) Inicia en la infancia.
d) Se caracteriza por la presencia de ataques de llanto.

14. Entre los síntomas negativos de la esquizofrenia podemos citar:

a) Delirios.
b) Alucinaciones.

c) Discurso desorganizado.

d) Expresión emotiva disminuida o abulia.

15. En general se acepta que .... son aquellos que cursan con una ruptura de las relaciones del individuo con su medio, con el que comienza a mantener vínculos incoherentes y que tienen, además, la característica de no ser asumidas por el enfermo como un trastorno propio, sino impuesto por algún factor externo.

a) Trastornos esquizofrénicos.

b) Trastornos somatoformes.

c) Trastornos ansioso-depresivos.

d) Trastornos esquizotípicos.

16. Los fármacos de elección en el tratamiento de la esquizofrenia son:

a) Antidepresivos tricíclicos (ADT).

b) Inhibidores de la monoaminooxidasa (IMAO).

c) Neurolépticos.

d) No se utiliza tratamiento farmacológico en la esquizofrenia, tan solo la intervención psicosocial.

17. Señala la afirmación correcta sobre la esquizofrenia:

a) La esquizofrenia es una enfermedad que tiende a cronificarse y raramente se cura.

b) Pasado el momento del brote agudo, el enfermo debería abandonar el centro hospitalario para volver a su medio y es allí donde el profesional de enfermería desarrollará los cuidados previstos.

c) En la fase aguda de la esquizofrenia el paciente es totalmente dependiente por lo que enfermería será la encargada de facilitar los cuidados necesarios para satisfacer las necesidades básicas de estos pacientes.

d) Todas son correctas.

18. El trastorno de somatización o trastorno de síntomas somáticos:

a) Tiene una mayor prevalencia en hombres que en mujeres.

b) Suele aparecer en la adolescencia.

c) Presenta un curso generalmente crónico y recurrente.

d) Todas son correctas.

19. El paciente solo presenta un solo trastorno:

a) Trastorno de síntomas somáticos.

b) Trastorno por conversión.

c) Trastornos por dolor.

d) Trastorno de ansiedad por enfermedad o hipocondriasis.

20. La preocupación por padecer o contraer una enfermedad grave sin que existan síntomas somáticos o, si están presentes, son únicamente leves, se conoce en el DSM-5 como:

a) Trastorno de síntomas somáticos.
b) Trastorno por conversión.
c) Trastornos por dolor.
d) Trastorno de ansiedad por enfermedad o hipocondriasis.

En MADTEST tienes **más preguntas de este tema**, y todos tus avances quedan registrados y se reflejan en el ranking.

¡Supera tus límites con MADTEST!

Solución al test n.º 32

1. c) Fobia específica.

2. a) Cuando se empeora la depresión, las personas centran más su atención en los fallos pasados y presentes.

3. b) Cambios en los patrones de sueño.

4. a) Estimular las percepciones realistas sobre sus capacidades.

5. c) Antidepresivos tricíclicos (ADT).

6. b) Sales de litio.

7. d) Trastorno obsesivo-compulsivo.

8. b) Duran pocos minutos y aparecen como crisis episódicas.

9. d) Agorafobia.

10. b) Trastorno de ansiedad social.

11. c) Benzodiacepinas.

12. b) Seis meses.

13. a) Suele aparecer en la adolescencia en forma de «brotes» agudos que interrumpen la vida normal del sujeto.

14. d) Expresión emotiva disminuida o abulia.

15. a) Trastornos esquizofrénicos.

16. c) Neurolépticos.

17. d) Todas son correctas.

18. c) Presenta un curso generalmente crónico y recurrente.

19. b) Trastorno por conversión.

20. d) Trastorno de ansiedad por enfermedad o hipocondriasis.

Drogodependencias, Plan Nacional y Regional de Alcoholismo y Drogodependencias. Dispositivos, recursos, actuaciones. Detección e intervención breve sobre el consumo de riesgo y perjudicial de alcohol en Atención Primaria

1. ¿Qué sustancia de estas es estimulante del sistema nervioso central?

a) Hipnóticos.
b) Cocaína.
c) Alcohol etílico.
d) LSD.

2. Una vez realizada la desintoxicación frente a drogodependencias se debe proceder a la:

a) Curación definitiva.
b) Reinserción.
c) Deshabituación.
d) Educación sanitaria.

3. ¿Qué sustancia se emplea en España como tratamiento ambulatorial en drogodependencias pensado para ser utilizado en pacientes con difícil solución, con la idea de aliviar las necesidades del toxicómano y las repercusiones sociales?

a) Rohipnol.
b) Metadona.
c) Derivados anfetamínicos.
d) Cannabis.

4. ¿Hasta qué año el tabaco no fue reconocido como droga por la OMS? Hasta:

a) 1964.
b) 1974.
c) 1987.
d) 2002.

5. ¿Qué sustancia del tabaco es la responsable de la reducción de saturación de oxígeno de la hemoglobina y de sus consecuencias sobre el sistema circulatorio y riesgo de coronariopatía?

a) Nicotina.
b) Monóxido de carbono.
c) Alquitranes.
d) Derivados bencénicos.

6. ¿Qué es el "craving" en tabaquismo?

a) Intoxicación por monóxido de carbono.
b) Cuadro de abstinencia a nicotina.
c) Deseo irresistible o ansia por fumar.
d) Efecto anorexígeno del tabaco.

7. ¿Cuántos puntos se obtiene en el test de Fagerström como máximo?

a) 0 punto.
b) 1 punto.
c) 5 puntos.
d) 10 puntos.

8. ¿Cuándo existe dependencia física al tabaco según los resultados obtenidos en el test de Fagerström? Si el resultado es mayor o igual que:

a) 2.
b) 3.
c) 4.
d) 5.

9. ¿Qué indica un resultado de 8 en el test de motivación para dejar de fumar (Test de Richmond)?

a) Escasa motivación para dejar de fumar.
b) Motivación baja para dejar de fumar.
c) Motivación media para dejar de fumar.
d) Motivación alta para dejar de fumar.

10. ¿A partir de qué consumo de alcohol en el varón de los enunciados se habla ya de consumo de riesgo? A partir de:

a) 20 g de alcohol día.
b) 30 g de alcohol día.
c) 40 g de alcohol día.
d) 60 g de alcohol día.

11. ¿Cómo se denomina a la tipología de consumo de alcohol que actúan como bebedores episódicos que no presentan síntomas de dependencia física ni psíquica? Bebedor:

a) Alfa.
b) Beta.
c) Épsilon.
d) Delta.

12. ¿Con cuántos puntos en el cuestionario de CAGE se dice ya que hay dependencia al alcohol? Con:

a) 1.
b) 2.
c) 3.
d) 4.

13. ¿Qué patología hepática por consumo excesivo de alcohol está relacionada con hepatoma o carcinoma hepático?

a) Esteatosis hepática.
b) Hepatitis aguda alcohólica.
c) Hepatitis crónica alcohólica.
d) Cirrosis hepática.

14. La intoxicación atípica o paranoide de alcohol se trata con medidas de protección, esencialmente sujeciones (si requiere) y con el fármaco:

a) Benzodiaceplna.
b) Aversivo alcohólico.
c) Haloperidol.
d) Fenobarbital.

15. ¿Cuál es el tratamiento farmacológico específico de la intoxicación aguda por benzodiacepinas?

a) Alprazolam.
b) Haloperidol.
c) Betabloqueantes.
d) Flumazenil.

16. ¿Qué antagonista específico existe para tratar la intoxicación aguda por barbitúricos?

a) Alprazolam.
b) Haloperidol.
c) Flumazenil.
d) No existe antagonista específico.

17. ¿Con qué dependencia está muy relacionado el síndrome de Wernicke-Korsakoff? Con el consumo excesivo de:

a) Alcohol.
b) Tabaco.
c) Heroína.
d) Benzodiacepinas.

18. El consumo de opiáceos se suele presentar en el contexto de una politoxicomanía, asociado a:

a) Cannabis.
b) Alcohol.
c) Cocaína.
d) Puede ser a todos los anteriores.

19. ¿Qué agonista opiáceo es el más corriente y que permite nuestra legislación para tratamiento de adictos a opiáceos?

a) Metadona.
b) Lormetacepán.
c) Clordiacepóxido.
d) Ninguno de los anteriores.

20. El consumo crónico de cannabis puede desarrollar el denominado síndrome:

a) Anorexígeno.
b) Amotivacional.
c) Gris.
d) Antianorexígeno.

En MADTEST tienes **más preguntas de este tema**, y todos tus avances quedan registrados y se reflejan en el ranking.

¡Supera tus límites con MADTEST!

Solución al test n.º 33

1. b) Cocaína.

2. c) Deshabituación.

3. b) Metadona.

4. b) 1974.

5. b) Monóxido de carbono.

6. c) Deseo irresistible o ansia por fumar.

7. d) 10 puntos.

8. d) 5.

9. d) Motivación alta para dejar de fumar.

10. c) 40 g de alcohol día.

11. c) Épsilon.

12. b) 2.

13. d) Cirrosis hepática.

14. c) Haloperidol.

15. d) Flumazenil.

16. d) No existe antagonista específico.

17. a) Alcohol.

18. d) Puede ser a todos los anteriores.

19. a) Metadona.

20. b) Amotivacional.

Urgencias y emergencias: concepto. Valoración y cuidados de enfermería ante situaciones críticas: politraumatizados, quemados, shock, intoxicaciones agudas. Otras situaciones críticas. Parada cardiorrespiratoria: definición y medidas de actuación. Reanimación cardiopulmonar básica y avanzada. Definición de catástrofe y accidente con múltiples víctimas. Triaje. Definición y tipos. Delimitación del área en caso de catástrofe. Hospital de Campaña. Concepto de funciones y procedimientos

1. Generalmente se prioriza antes frente a una fibrilación ventricular resistente a la RCP la medida de:

a) Desfibrilación precoz.
b) Administración de fármacos.
c) Reintentar la RCP, dándole más importancia a la ventilación que al masaje.
d) Depende de cada caso.

2. ¿Cuál de éstas consideras que es la causa más frecuente de PCR?

a) Fibrilación ventricular.
b) Fibrilación auricular.
c) Extrasístole auricular.
d) Las opciones a) y b) son correctas.

3. ¿Qué concepto tiene qué ver con la prevención, el reconocimiento y las intervenciones adecuadas, ante una supuesta parada cardiorrespiratoria?

a) Desfibrilación precoz.
b) Soporte vital básico.
c) Soporte vital avanzado.
d) Activación precoz de los servicios de emergencia sanitaria.

4. ¿Qué es lo primero que debemos hacer para valorar una posible parada cardiorrespiratoria (PCR)?

a) Comprobar el estado de consciencia del individuo.
b) Comprobar la permeabilidad de vía aérea.
c) Comprobar si hay pulso.
d) Nada de lo anterior es cierto.

5. ¿Qué maniobra debe hacerse para despejar la vía aérea en traumatizados con posible lesión medular?

a) Frente- mentón si está inconsciente.
b) Frente- mentón si está consciente.
c) De tracción mandibular si está inconsciente.
d) De tracción mandibular si está consciente.

6. Si la víctima está inconsciente, no responderá a estímulos auditivos ni sensitivos, por lo que deberemos:

a) Comprobar el estado de consciencia del individuo.
b) Comprobar la permeabilidad de vía aérea (ventilación).
c) Pedir ayuda.
d) Las opciones b) y c) son correctas.

7. ¿En qué posición se debe colocar a la víctima para valorar la ventilación del paciente inconsciente?

a) Decúbito supino.
b) Lateral de seguridad.
c) Decúbito prono.
d) Litotomia.

8. ¿Qué tiempo máximo se debe valorar la ventilación del paciente inconsciente (VER, OÍR y SENTIR)?

a) 5 segundos.
b) 10 segundos.
c) 20 segundos.
d) 30 segundos.

9. Si el paciente está inconsciente pero respira normalmente, lo colocaremos en la denominada posición:

a) Decúbito supino.
b) Lateral de seguridad.
c) Decúbito prono.
d) Litotomia.

10. En el masaje cardíaco externo se debe comprimir hasta alcanzar una profundidad máxima de:

a) 1 cm.
b) 2 cm.
c) 5 cm.
d) 10 cm.

11. ¿Para qué se emplea la maniobra de Heimlich?

a) Para llevar a cabo el masaje cardíaco en PCR.
b) Para resolver una obstrucción de la vía aérea por cuerpo extraño o atragantamiento.
c) Para llevar a cabo las ventilaciones en PCR.
d) Para mejorar la hemostasia del paciente accidentado.

12. El control de las posibles hemorragias en una PCR forma parte del:

a) Control hospitalario posterior al SVA.
b) Soporte vital básico.
c) Soporte vital avanzado.
d) Activación precoz de los servicios de emergencia sanitaria.

13. ¿Qué nombre recibe la modalidad de cánula orofaríngea más conocida y usada? Cánula…

a) De Heimlich.
b) De Prizmetal.
c) De Grahan.
d) De Guedel.

14. Respecto a los DEA todo lo que se dice es cierto, excepto:

a) Disponen de las palas (como los desfibriladores manuales).
b) Se conectan al paciente mediante dos electrodos adhesivos de gran tamaño.
c) Sirven al mismo tiempo para registrar la señal del ECG analizando el ritmo cardíaco, y para transmitir la energía de la descarga.
d) Han demostrado ser sumamente precisos y seguros para el paciente.

15. ¿En qué posición se debe colocar un paciente al emplear sobre ellos un DEA?

a) Decúbito supino.
b) Lateral de seguridad.
c) Decúbito prono.
d) Fowler.

16. ¿Cuál es la dinámica de hacer la RCP?

a) 30 compresiones toráxicas, seguidas de 2 ventilaciones.
b) 15 compresiones toráxicas, seguidas de 2 ventilaciones.
c) 30 compresiones toráxicas, seguida de 1 ventilación.
d) 15 compresiones toráxicas, seguida de 1 ventilación.

17. ¿Qué volumen suele tener el ambú (resucitador manual) de los adultos?

a) 600 ml.
b) 1000 ml.
c) 1600 ml.
d) 2600 ml.

18. Tras las 5 ventilaciones de rescate en la RCP de los niños, el ritmo de cadencia de compresiones e insuflaciones será de:

a) 30:2.
b) 15:2.
c) 30:1.
d) 15:1.

19. ¿De qué nos abstendremos en los casos de asistolia o AESP en el soporte vital avanzado?

a) Aplicar las descargas eléctricas mediante desfibriladores.
b) Aislar la vía aérea.
c) Pasar directamente a las maniobras de RCP.
d) Canalizar una vía venosa para administrar la medicación.

20. ¿Qué acción de estas no se realiza durante el soporte vital avanzado?

a) Se establecerá ventilación mecánica si fuese necesaria.
b) Se asegurará la vía aérea.
c) Se efectuará desfibrilación precoz.
d) Se administrarán los líquidos y drogas que requiera cada caso.

En MADTEST tienes **más preguntas de este tema**, y todos tus avances quedan registrados y se reflejan en el ranking.

¡Supera tus límites con MADTEST!

Solución al test n.º 34

1. a) Desfibrilación precoz.

2. a) Fibrilación ventricular.

3. b) Soporte vital básico.

4. a) Comprobar el estado de consciencia del individuo.

5. c) De tracción mandibular si está inconsciente.

6. d) Las opciones b) y c) son correctas.

7. a) Decúbito supino.

8. b) 10 segundos.

9. b) Lateral de seguridad.

10. c) 5 cm.

11. b) Para resolver una obstrucción de la vía aérea por cuerpo extraño o atragantamiento.

12. b) Soporte vital básico.

13. d) De Guedel.

14. a) Disponen de las palas (como los desfibriladores manuales).

15. a) Decúbito supino.

16. a) 30 compresiones toráxicas, seguidas de 2 ventilaciones.

17. c) 1600 ml.

18. b) 15:2.

19. a) Aplicar las descargas eléctricas mediante desfibriladores.

20. c) Se efectuará desfibrilación precoz.

TEST N.º 35

Clasificación general de los medicamentos. Absorción y eliminación de los fármacos. Toxicidad y efectos colaterales. Fármaco vigilancia. Condiciones de conservación de los medicamentos. Administración de medicamentos. Precauciones previas a la administración de un fármaco. Vías de administración: definición y tipos. Puntos de elección, técnicas y problemas más frecuentes. Cálculo de dosis

1. El grado en que un fármaco alcanza su sitio de acción o un líquido biológico desde el cual tiene acceso a su sitio de acción, se denomina:

a) Disolución.
b) Disgregación.
c) Biodisponibilidad.
d) Solución.

2. ¿En qué mecanismo de paso de un medicamento a través de la membrana celular se requiere gasto energético?

a) Difusión pasiva.
b) Difusión facilitada.
c) Transporte activo.
d) Son ciertas b y c.

3. Señala la opción incorrecta. Respecto a la eliminación renal de un fármaco:

a) Es la vía de más frecuencia e importancia en la eliminación de los medicamentos.
b) No existe una relación importante entre el pH de la orina y la eliminación de fármacos.
c) La velocidad dependerá de la intensidad con que participen los distintos mecanismos; es decir, cuando a la filtración se le suma la secreción tubular y está impedida la reabsorción, el aclaramiento del fármaco será máximo.
d) La eliminación de medicamentos básicos o alcalinos aumenta si la orina es ácida.

4. ¿Cómo se denomina a cualquier reacción adversa cuya naturaleza, gravedad o consecuencias no sean coherentes con la información descrita en la ficha técnica del medicamento?

a) Reacción adversa Aleatoria.

b) Reacción adversa Inesperada.

c) Reacción adversa Grave.

d) Reacción adversa Accidental.

5. ¿Cómo se denomina al formulario necesario para la notificación de sospechas de reacciones adversas cuyo formato puede ser en papel o electrónico?

a) Formulario de adversidades.

b) Formulario rojo.

c) Formulario gris.

d) Formulario amarillo.

6. ¿Qué dato no aparece en la fecha de caducidad de los medicamentos?

a) Año.

b) Mes.

c) Día.

d) Aparecen todos los anteriores.

7. Actualmente, y siguiendo indicaciones de la OMS, se considera que todos los medicamentos tienen una vigencia máxima de...

a) 2 años.

b) 5 años.

c) 7 años.

d) 10 años.

8. ¿Dónde se deben guardar los medicamentos termolábiles, y a qué y temperatura? Se deben guardar en...

a) Ningún lugar especial, a temperatura ambiente.

b) Refrigeradores (frigoríficos), a temperatura entre 2º a 8º C.

c) Congeladores, a temperatura entre -18º a -22º C.

d) Supercongeladores, a temperatura entre -40º a -60º C.

9. ¿Qué se entiende por aquella situación en la que los pacientes reciben la medicación adecuada a sus necesidades clínicas, en las dosis correspondientes a sus requisitos individuales, durante un periodo de tiempo adecuado y al menor coste posible para ellos y para la comunidad?

a) Prescripción razonada de fármacos.
b) Uso racional de medicamentos.
c) Empleo eficaz de medicamentos.
d) Nada de lo anterior es cierto.

10. ¿En qué normativa se regula la prestación farmacéutica, donde se aprueba el texto refundido de la Ley de garantías y uso racional de los medicamentos y productos sanitarios?

a) Real Decreto 782/2013.
b) Real Decreto legislativo 1/2015.
c) Orden SCO/2874/2007.
d) Real Decreto 1910/1984.

11. ¿Qué grupos de edad son más sensibles a los medicamentos?

a) Niños.
b) Adultos no ancianos.
c) Ancianos.
d) Son a y c.

12. ¿Cómo se consideran las «premezclas para piensos medicamentosos» elaboradas para ser incorporadas a un pienso?

a) Medicamentos de uso humano.
b) Medicamentos de uso veterinario.
c) Medicamentos de terapia génica.
d) Medicamentos de origen humano.

13. Aquella materia que, incluida en las formas galénicas, se añade a los principios activos o a sus asociaciones para servirles de vehículo, posibilitar su preparación y estabilidad, modificar sus propiedades organolépticas o determinar las propiedades físico-químicas del medicamento y su biodisponibilidad, se denomina:

a) Principio activo.
b) Coadyuvante.
c) Excipiente.
d) Principio pasivo.

14. Un cosmético puede ser:

a) Forma farmacéutica de un principio activo o placebo, que se investiga o se utiliza como referencia en un ensayo clínico.

b) Medicamento destinado a un paciente individualizado, preparado por un farmacéutico, o bajo su dirección, para cumplimentar expresamente una prescripción facultativa detallada y dispensado en oficina de farmacia.

c) Toda sustancia o preparado destinado a ser puesto en contacto con las diversas partes superficiales del cuerpo humano, con el fin exclusivo de perfumarlos.

d) Nada de lo anterior puede ser cierto.

15. ¿Qué es falso respecto de las reacciones alérgicas a medicamentos?

a) Es una respuesta desfavorable o no deseada.

b) Es una respuesta física de nuestro organismo.

c) Es un efecto no farmacológico.

d) Es lo mismo reacción adversa que reacción alérgica.

16. ¿Cuál suele ser un inconveniente de la administración de fármacos por vía oral, que se hace inadecuada en urgencias?

a) Incómodos.

b) Caros.

c) Absorción lenta.

d) Inseguros.

17. Cuando un fármaco se administra sobre la piel o las mucosas se hace por vía:

a) Sistémica.

b) Cutánea.

c) Parenteral.

d) Tópica.

18. De las siguientes, ¿qué administración no es tópica?

a) Administración de gotas nasales.

b) Administración de pomadas oculares.

c) Administración de inhaladores.

d) Administración de gotas óticas.

19. ¿Qué vía no es parenteral directa?

a) Intravenosa.

b) Intralinfática.

c) Intraarticular.
d) Son todas parenterales directas.

20. ¿Cuál es el motivo por el que se evita la perfusión venosa en las piernas de medicamentos?

a) No existe ningún motivo, y se hace habitualmente en la práctica.
b) Mayor riesgo de infecciones.
c) Mayor riesgo de hemorragias.
d) Mayor riesgo de tromboflebitis.

En MADTEST tienes **más preguntas de este tema**, y todos tus avances quedan registrados y se reflejan en el ranking.

¡Supera tus límites con MADTEST!

Solución al test n.º 35

1. c) Biodisponibilidad.

2. c) Transporte activo.

3. b) No existe una relación importante entre el pH de la orina y la eliminación de fármacos.

4. b) Reacción adversa Inesperada.

5. d) Formulario amarillo.

6. c) Día.

7. b) 5 años.

8. b) Refrigeradores (frigoríficos), a temperatura entre 2º a 8º C.

9. b) Uso racional de medicamentos.

10. b) Real Decreto legislativo 1/2015.

11. d) Son a y c.

12. b) Medicamentos de uso veterinario.

13. c) Excipiente.

14. c) Toda sustancia o preparado destinado a ser puesto en contacto con las diversas partes superficiales del cuerpo humano, con el fin exclusivo de perfumarlos.

15. d) Es lo mismo reacción adversa que reacción alérgica.

16. c) Absorción lenta.

17. d) Tópica.

18. c) Administración de inhaladores.

19. c) Intraarticular.

20. d) Mayor riesgo de tromboflebitis.

Alimentación y nutrición: concepto y diferenciación. Clasificación de los alimentos. Elaboración de dietas. Dietas terapéuticas. Valoración y cuidados de enfermería a personas con problemas de desnutrición, deshidratación, anorexia, bulimia y obesidad. Valoración y cuidados de enfermería en personas con nutrición enteral y parenteral. Técnicas de administración. Protocolos de actuación

1. Las reacciones metabólicas básicas destinadas a la producción de energía se denominan:

a) Reacciones anabólicas.
b) Reacciones catabólicas.
c) Reacciones de oxidación.
d) Reacciones de reducción.

2. Desde el punto de vista funcional, los alimentos destinados fundamentalmente a la formación y renovación de los tejidos humanos, son llamados:

a) Alimentos energéticos.
b) Alimentos plásticos.
c) Alimentos reguladores.
d) Alimentos precipitadores.

3. Tomando como referencia las unidades de energía utilizadas en nutrición, ¿cuántos kilojulios son 30 kilocalorías?

a) 83,6 kilojulios.
b) 65,3 kilojulios.
c) 41,84 kilojulios.
d) 125,52 kilojulios.

4. ¿Cuántas calorías son el equivalente a 25 julios?

a) 3,50 calorías.
b) 5,97 calorías.

c) 21,25 calorías.
d) 11,95 calorías.

5. La energía que necesita el organismo para mantener sus funciones vitales en estado de absoluto reposo, la llamamos:

a) Nutrición basal.
b) Metabolismo basal.
c) Nutrición total.
d) Metabolismo total.

6. Si una paciente es intervenida quirúrgicamente y el médico le prescribe una dieta absoluta durante las primeras 48 horas, si queremos comprobar la tolerancia a la ingesta, ¿qué dieta le administraríamos?

a) Dieta posquirúrgica.
b) Dieta semiblanda.
c) Dieta blanda.
d) Dieta líquida.

7. Tomando como referencia el denominado número de Atwater para conocer el valor energético de los principios inmediatos, ¿qué valor en kilocalorías equivale a un gramo de lípidos?

a) 4 kilocalorías.
b) 7 kilocalorías.
c) 9 kilocalorías.
d) 12 kilocalorías.

8. Tomando como referencia el denominado número de Atwater para conocer el valor energético de los principios inmediatos, ¿cuál de los siguientes principios inmediatos presentan una equivalencia de 1 gramo con 4 kilocalorías?

a) Lípidos.
b) Hidratos de carbono.
c) Proteínas.
d) Las opciones b y c son correctas.

9. Los alimentos que poseen proteínas formadas por aminoácidos esenciales, reciben el nombre de:

a) Proteínas esenciales.
b) Proteínas ecológicas.
c) Proteínas de alto valor biológico.
d) Proteínas verdaderas.

10. Podemos clasificar los hidratos de carbono según su estructura química en monosacáridos, disacáridos y polisacáridos, ¿dónde incluiría la sacarosa?

a) Monosacáridos.
b) Polisacáridos.
c) Disacáridos.
d) Ninguno de los anteriores.

11. ¿En qué posición se debe de colocar al paciente al que se le administra por vía oral la nutrición enteral, si éste presenta patología en la deglución y está encamado? En posición de:

a) Litotomía.
b) Fowler.
c) Morestin.
d) Trendelembürg.

12. ¿Qué técnica de nutrición enteral se denomina también alimentación forzada?

a) Nutrición enteral mediante alimentación por vía oral en paciente encamado.
b) Nutrición enteral mediante alimentación por sonda nasogástrica.
c) Nutrición enteral mediante alimentación por enterostomías.
d) Nutrición enteral mediante alimentación por vía oral en paciente pediátrico.

13. ¿En qué patologías está contraindicada la nutrición enteral mediante alimentación por sonda nasogástrica?

a) Parálisis faríngeas.
b) Pacientes inconscientes.
c) Obstrucciones nasofaríngeas o esofágicas.
d) Son ciertas a) y c).

14. Todo lo que se expone respecto al procedimiento de colocación de una sonda nasogástrica es cierto, excepto:

a) Se emplea como material lubricante hidrosoluble y gasas/ guantes desechables.
b) Colocar al paciente en posición de Fowler o Semifowler con la parte superior de la cama levantada.
c) Verificar que no existe ningún tipo de obstrucción en la boca y fosas nasales del paciente.
d) No se debe quitar la dentadura removible del paciente que la posea.

15. ¿Qué propiedad poseen las sondas nasogástricas no reactivas de éstas?

a) Se endurecen con el uso.
b) Son más rígidas que las de polietileno.

c) Se deben cambiarse cada 3 a 4 días.
d) Son más fáciles de colocar que las de polietileno.

16. ¿Qué sonda nasogástrica es la más empleada en nutrición enteral? Sonda de:

a) Levin.
b) Salem.
c) Foucher.
d) Cantor.

17. ¿Qué sonda es la indicada en el caso de sangrado digestivo por varices esofágicas? Sonda de

a) Foucher.
b) Blakemore-Sengstaken.
c) Levin.
d) Miller-Abbott.

18. Para iniciar la alimentación con sonda nasogástrica el contenido gástrico residual no debe superar al menos un volumen de:

a) 25 c.c.
b) 50 c.c.
c) 150 c.c.
d) 350 c.c.

19. ¿Qué lugares de éstos no suele emplearse para realizar enterostomías?

a) Estómago.
b) Yeyuno.
c) Faringe.
d) Íleon.

20. Para evitar regurgitaciones se debe colocar al paciente alimentado mediante gastrostomía en la posición de:

a) Roser.
b) Fowler.
c) Morestin.
d) Trendelembürg.

En MADTEST tienes **más preguntas de este tema**, y todos tus avances quedan registrados y se reflejan en el ranking.

¡Supera tus límites con MADTEST!

Solución al test n.º 36

1. b) Reacciones catabólicas.

2. b) Alimentos plásticos.

3. d) 125,52 kilojulios.

4. b) 5,97 calorías.

5. b) Metabolismo basal.

6. d) Dieta líquida.

7. c) 9 kilocalorías.

8. d) Las opciones b y c son correctas.

9. c) Proteínas de alto valor biológico.

10. c) Disacáridos.

11. b) Fowler.

12. b) Nutrición enteral mediante alimentación por sonda nasogástrica.

13. c) Obstrucciones nasofaríngeas o esofágicas.

14. d) No se debe quitar la dentadura removible del paciente que la posea.

15. d) Son más fáciles de colocar que las de polietileno.

16. a) Levin.

17. b) Blakemore-Sengstaken.

18. c) 150 c.c.

19. d) Íleon.

20. b) Fowler.

Valoración y cuidados de enfermería a personas con enfermedades neurodegenerativas: enfermedad de Alzheimer y otras demencias, Parkinson, esclerosis múltiple y esclerosis lateral amiotrófica. Otras enfermedades neurológicas: enfermedad cerebrovascular, meningitis, epilepsia. Código Ictus en Castilla-La Mancha. Procedimientos e intervenciones de enfermería

1. Al elaborar un Plan de Cuidados Estándar para un paciente con AVC, tendremos en cuenta muchos diagnósticos de enfermería. ¿Cuál de los siguientes enunciados no es uno de los diagnósticos que encontraremos habitualmente en este tipo de enfermos?

a) Manejo efectivo del régimen terapéutico.
b) Déficit de autocuidado: alimentación.
c) Riesgo de estreñimiento.
d) Desequilibrio nutricional por exceso.

2. ¿Cuál de los siguientes enunciados coincide con un diagnóstico de enfermería habitual en los enfermos afectados de AVC?

a) Confusión crónica.
b) Síndrome postraumático.
c) Trastorno de la percepción sensorial: cinestésica.
d) Interrupción de los procesos familiares.

3. ¿Cuál de los siguientes enunciados no forma parte del conjunto de medidas terapéuticas puestas en marcha a nivel de prevención primaria, para disminuir la incidencia del AVC?

a) Control de la hipertensión arterial.
b) Control de los enfermos con fibrilación auricular.
c) Control de la hiperlipemia.
d) Control glucémico.

4. Al elaborar un Plan de Cuidados Estándar para un paciente con AVC, tendremos en cuenta muchos diagnósticos de enfermería. ¿Cuál de los siguientes enunciados no es uno de los diagnósticos que encontraremos habitualmente en este tipo de enfermos?

a) Riesgo de intolerancia a la actividad.
b) Trastorno de los procesos de pensamiento.
c) Desatención unilateral.
d) Deterioro de la habilidad para la traslación.

5. Al elaborar un Plan de Cuidados Estándar para un paciente con AVC, tendremos en cuenta muchos diagnósticos de enfermería. ¿Cuál de los siguientes enunciados no es uno de los diagnósticos que encontraremos habitualmente en este tipo de enfermos?

a) Disminución del gasto cardíaco.
b) Deterioro de la eliminación urinaria.
c) Riesgo de déficit de volumen de líquidos.
d) Deterioro de la movilidad física.

6. ¿Qué enunciado corresponde con la siguiente definición: "descarga excesiva y desordenada del tejido nervioso cerebral sobre los músculos"?

a) Enfermedad de Alzheimer.
b) Enfermedad de Parkinson.
c) Síndrome de Guillain-Barré.
d) Epilepsia.

7. ¿Cuál de los siguientes tipos de epilepsia se incluye en el grupo de las "crisis generalizadas" (simétrica en ambos lados y sin inicio local)?

a) Síndrome de Lenoux-Gastaut.
b) Crisis histéricas.
c) Crisis parciales complejas.
d) Epilepsia refleja.

8. ¿Cuál de los siguientes procedimientos no es correcto en el tratamiento de la epilepsia?

a) Administración de fenitoína.
b) Administración de midazolan.
c) Resección quirúrgica.
d) Administración de carbamazepina.

9. ¿Cuál de las siguientes intervenciones no es correcta durante un brote agudo de epilepsia?

a) No sujetar al paciente. No utilizar la fuerza.
b) Retirar todos los objetos que puedan dañarle al convulsionar.
c) Abrir la boca insertando algún objeto, para evitar que se muerda la lengua.
d) Colocar al paciente en una superficie dura y plana.

10. ¿Cuál de los siguientes enunciados no es correcto, en relación con las Crisis Convulsivas Tónico-Clónicas o de Grand Mal?

a) Tras la crisis, el afectado puede comportarse de forma anormal y no recordar lo que acaba de ocurrir.
b) La persona puede morderse la lengua o los labios, o experimentar incontinencia urinaria durante estas crisis.
c) Se caracterizan por una pérdida súbita de la consciencia.
d) El diagnóstico definitivo se realiza mediante resonancia magnética.

11. ¿Cómo se denomina a aquel tipo de cefalea que se caracteriza por episodios recurrentes de dolor de cabeza, cuya oscilación dura de varios minutos a días, con carácter opresivo, de intensidad leve o moderada, de localización bilateral, y que no empeora, con el esfuerzo físico rutinario?

a) Cefalea en racimos.
b) Cefalea tensional.
c) Migraña.
d) Arteritis de la temporal.

12. ¿Cuál de las siguientes características no es propia de la migraña?

a) Frecuentemente se asocian a sintomatología gastrointestinal.
b) Presenta una mayor prevalencia en las últimas etapas de la vida (por encima de los 60 años).
c) Aumento de la sensibilidad a la luz y el ruido.
d) Es un trastorno familiar muy frecuente, que presenta dolor unilateral y pulsátil en la mayoría de las ocasiones.

13. Los síntomas que caracterizan a la Enfermedad de Parkinson son bradicinesia, rigidez, temblor de reposo y alteración de los reflejos posturales. ¿En qué consiste la bradicinesia?

a) Enlentecimiento de la actividad motora, tanto voluntaria como automática.
b) Lentitud o embotamiento de la percepción de las sensaciones.
c) Enlentecimiento en la articulación de las palabras.
d) Lentitud o embotamiento en las reacciones psíquicas o mentales.

14. ¿Cómo se denomina el tipo de marcha que se caracteriza por la disminución o ausencia del balanceo de los brazos, giro en bloque, titubeo al inicio de la marcha, arrastre de los pies y paso corto?

a) Marcha festinante y parkinsoniana.
b) Marcha atáxica (cerebelosa).
c) Marcha del anciano.
d) Marcha hemipléjica y parapléjica.

15. ¿Cuál de los siguientes tipos de marcha se conoce como "marcha del segador" y se caracteriza por sostener la pierna afectada rígida y con dificultad de flexión a nivel de la cadera, la rodilla y el tobillo, la pierna tiende a girar hacia fuera para describir un semicírculo, arrastrando el pie por el suelo y desgastando la punta y la parte externa de la suela del zapato?

a) Marcha del anciano.
b) Marcha parkinsoniana.
c) Marcha hemipléjica.
d) Marcha atáxica.

16. ¿Cómo se denomina a la patología en la que un factor desconocido inicia un proceso inflamatorio evolutivo en el sistema nervioso periférico, que conduce a la desmielinización, edema y compresión de la raíz nerviosa. El cuadro provoca interrupciones en la conducción del impulso, que dan lugar a alteraciones sensoriales, motoras y autónomas?

a) Enfermedad de Alzheimer.
b) Síndrome de Guillain-Barré.
c) Esclerosis múltiple.
d) Enfermedad de Parkinson.

17. La punción lumbar consiste en introducir una aguja en el espacio subaracnoideo del canal espinal (generalmente en región lumbar). Una vez que se tiene acceso a este espacio, se pueden introducir en él distintas sustancias con fines diagnósticos o terapéuticos. ¿Cuál de los siguientes enunciados no es una de estas sustancias?

a) Oxígeno.
b) Líquido radio opaco.
c) Sangre.
d) Anestesia.

18. ¿Para qué sirve el electroencefalograma?

a) Para registrar la actividad eléctrica del encéfalo.
b) Para registrar la actividad eléctrica del tronco encefálico.

c) Para registrar la actividad eléctrica del sistema nervioso central.

d) Para registrar la actividad eléctrica del cerebelo.

19. Un nivel de intensidad física moderado es:

a) El que permite hablar o cantar sin esfuerzo mientras se practica, corresponde a un MET o equivalente metabólico inferior a 3.

b) El que permite hablar sin sentir la falta de aire mientras se practica, corresponde a un MET superior a 6.

c) El que permite hablar sin sentir la falta de aire mientras se practica, corresponde a un MET de entre 3 y 6.

d) Ninguna de las anteriores es cierta.

20. Entre la población adulta, tener un estilo de vida activo contribuye a:

a) Aumentar el riesgo de caídas.

b) Reducir el riesgo de padecer hipercolesterolemia.

c) Reducir el riego de padecer diabetes tipo I.

d) Aumentar el riesgo de sufrir osteoporosis.

En MADTEST tienes **más preguntas de este tema**, y todos tus avances quedan registrados y se reflejan en el ranking.

¡Supera tus límites con MADTEST!

Solución al test n.º 37

1. d) Desequilibrio nutricional por exceso.

2. c) Trastorno de la percepción sensorial: cinestésica.

3. d) Control glucémico.

4. b) Trastorno de los procesos de pensamiento.

5. a) Disminución del gasto cardíaco.

6. d) Epilepsia.

7. a) Síndrome de Lenoux-Gastaut.

8. b) Administración de midazolan.

9. c) Abrir la boca insertando algún objeto, para evitar que se muerda la lengua.

10. d) El diagnóstico definitivo se realiza mediante resonancia magnética.

11. b) Cefalea tensional.

12. b) Presenta una mayor prevalencia en las últimas etapas de la vida (por encima de los 60 años).

13. a) Enlentecimiento de la actividad motora, tanto voluntaria como automática.

14. a) Marcha festinante y parkinsoniana.

15. c) Marcha hemipléjica.

16. b) Síndrome de Guillain-Barré.

17. c) Sangre.

18. a) Para registrar la actividad eléctrica del encéfalo.

19. c) El que permite hablar sin sentir la falta de aire mientras se practica, corresponde a un MET de entre 3 y 6.

20. b) Reducir el riesgo de padecer hipercolesterolemia.

Valoración y cuidados de enfermería a personas con problemas respiratorios: insuficiencia respiratoria aguda, enfermedad pulmonar obstructiva crónica, tromboembolismo pulmonar, asma y otros. Procedimientos e intervenciones de enfermería de enfermería: espirometría, oxigenoterapia, aerosolterapia, drenaje torácico. Cuidados de enfermería a personas con vías aéreas artificiales: intubación endotraqueal y traqueostomías

1. En un paciente con traumatismo craneoencefálico que presenta lesiones agudas del bulbo raquídeo y de la médula cervical alta aparecen pérdidas transitorias de la respiración automática durante el sueño ¿Cómo denominamos a este ritmo respiratorio?

a) Ritmo Biot.
b) Ritmo de Cheyne-Stoke.
c) Respiración de Ondina.
d) Ritmo Kussmaul.

2. Pretendemos recoger el esputo de un enfermo diagnosticado de edema agudo de pulmón. ¿De qué tipo son los esputos en esa patología?

a) Mucoso.
b) Seroso.
c) Purulento.
d) Herrumbroso.

3. Valorando un paciente en la consulta de enfermería con disnea, utilizamos para ello la escala de Sadoul y el resultado final es de nivel 4; ¿qué significa este dato?

a) Que aparece la disnea al realizar esfuerzos importantes o al subir hasta un segundo piso o más.
b) Que aparece la disnea en la marcha en llano lenta, el sujeto sólo es capaz de marchar lentamente.

c) Que aparece la disnea al menor esfuerzo (hablar, afeitarse...).

d) Que aparece la disnea al subir pendientes o al subir un piso.

4. ¿Cuál de las siguientes patologías pueden provocar una insuficiencia respiratoria por afectación neurológica periférica?

a) Botulismo.

b) Mistemia gravis.

c) Gillain-Barré.

d) Cifoescoliosis.

5. A la hora de valorar una insuficiencia respiratoria en un paciente utilizamos la anamnesis, la exploración física, la pulxiometría, la gasometría, etc. Si un paciente presenta una saturación de oxígeno del 94 %, ¿cómo actuaríamos?

a) No requiere una actuación urgente.

b) Actuación urgente, tratamiento y monitorización de la respuesta al mismo. Los pacientes con enfermedad respiratoria crónica toleran bien saturaciones en torno a estos valores.

c) Se considera un enfermo grave. Hipoxia severa. Oxigenoterapia+ tratamiento.

d) Estudio por parte del facultativo de la posibilidad de intubación y ventilación mecánica.

6. La Enfermedad Pulmonar Obstructiva Crónica es una entidad nosológica que engloba la:

a) Bronquitis crónica y el enfisema.

b) Bronquitis crónica y el asma bronquial.

c) Bronquitis crónica y la bronquiectasia.

d) Bronquitis crónica y neumonía.

7. El factor de riesgo que más presente está en los casos de Enfermedad Pulmonar Obstructiva Crónica (EPOC) es:

a) La exposición laboral como al amianto, carbón en las minas, etc.

b) Factores genéticos.

c) Contaminación atmosférica.

d) Consumo de tabaco.

8. En un informe de Anatomía Patológica de un individuo fumador describiendo un enfisema que afecta a los bronquiolos respiratorios y conductos alveolares predominando en lóbulos superiores decimos que es:

a) Centroacinar.

b) Panacinar.

c) Parasepatal.
d) Pericicatricial.

9. ¿Cuál de las siguientes patologías respiratorias es la principal causa de neumótórax espontáneo secundario?

a) Neumonía extrahospitalaria.
b) EPOC.
c) Bronquiectasias.
d) Carcinoma broncoalveolar.

10. Si sometemos a un paciente con EPOC a una espirometría forzada detectaríamos los siguientes parámetros excepto:

a) Disminución del FEV1.
b) Aumento del índice de Tiffeneau.
c) Disminución de los índices de flujo.
d) Alteración del flujo mesoinspiratorio.

11. ¿Qué patrón funcional de salud estaría alterado si un paciente con EPOC presenta el diagnóstico de enfermería: "Manejo inefectivo del régimen terapéutico"?

a) Patrón I. Percepción/Control de la Salud.
b) Patrón VI. Cognitivo/Perceptivo.
c) Patrón VII. Autopercepción/Autoconcepto.
d) Patrón VIII. Función/Relación.

12. En la clínica del asma bronquial se habla de una tríada típica de síntomas que incluiría los siguientes, excepto:

a) Disnea.
b) Tos.
c) Esputo purulento.
d) Sibilancias de forma episódica.

13. De los siguientes corticoides empleados en el tratamiento del asma bronquial, ¿cuál se administra por la vía inhalatoria?

a) Prednisona.
b) Budesonida.
c) Hidrocortizona.
d) Metil-prednisona.

14. En el procedimiento de aspiración de secreciones se llevan a cabo alguno de los siguientes pasos excepto:

a) Uso de un guante estéril.
b) Colocar al paciente, si está consciente, en posición de semi-fowler.
c) Conectar el catéter a la aspiración.
d) Tomar el tubo de aspiración con la mano enguantada y el extremo del catéter con la otra mano.

15. ¿En cuál de las siguientes patologías está indicada la toracocentesis como parte del tratamiento médico?

a) EPOC.
b) En un derrame pleural.
c) Asma crónico.
d) Bronquiectasia.

16. En un síndrome obstructivo moderado el FEV1 se encuentra entre los valores:

a) 20 %-40 %.
b) 30 %-50 %.
c) 65 %-80 %.
d) 80 %-100 %.

17. ¿Cuál es el parámetro espirométrico más empleado en la evaluación de la enfermedad pulmonar crónica?

a) VR.
b) FEV1.
c) FVC.
d) CPT.

18. ¿Cómo se denomina el test que realizamos para valorar la permeabilidad arterial después de una gasometría?

a) Test de Allen.
b) Test de Blessed.
c) Test de Hutchinson.
d) Ninguna es correcta.

19. ¿Cuál de las siguientes características se corresponde con la acidosis metabólica?

a) Una concentración de bicarbonato baja y un PH bajo.
b) Una concentración de bicarbonato baja y un PH alto.
c) Una concentración de bicarbonato alta y un PH bajo.
d) Una concentración de bicarbonato alta y un PH alto.

20. ¿Cuál de las siguientes características se corresponde con la alcalosis metabólica?

a) Una concentración de bicarbonato baja y un PH bajo.
b) Una concentración de bicarbonato baja y un PH alto.
c) Una concentración de bicarbonato alta y un PH bajo.
d) Una concentración de bicarbonato alta y un PH alto.

En MADTEST tienes **más preguntas de este tema**, y todos tus avances quedan registrados y se reflejan en el ranking.

¡Supera tus límites con MADTEST!

Solución al test n.º 38

1. c) Respiración de Ondina.

2. b) Seroso.

3. b) Que aparece la disnea en la marcha en llano lenta, el sujeto sólo es capaz de marchar lentamente.

4. c) Gillain-Barré.

5. b) Actuación urgente, tratamiento y monitorización de la respuesta al mismo. Los pacientes con enfermedad respiratoria crónica toleran bien saturaciones en torno a estos valores.

6. a) Bronquitis crónica y el enfisema.

7. d) Consumo de tabaco.

8. a) Centroacinar.

9. b) EPOC.

10. b) Aumento del índice de Tiffeneau.

11. a) Patrón I. Percepción/Control de la Salud.

12. c) Esputo purulento.

13. b) Budesonida.

14. d) Tomar el tubo de aspiración con la mano enguantada y el extremo del catéter con la otra mano.

15. b) En un derrame pleural.

16. c) 65 %-80 %.

17. b) FEV1.

18. a) Test de Allen.

19. d) Una concentración de bicarbonato alta y un PH alto.

20. d) Una concentración de bicarbonato alta y un PH alto.

Valoración y cuidados de enfermería a personas con problemas cardiovasculares: insuficiencia cardiaca, síndrome coronario agudo, hipertensión arterial, pericarditis aguda, aneurisma aórtico, enfermedad vascular periférica. Procedimientos e intervenciones de enfermería

1. ¿A qué hace referencia la expresión "déficit de pulso"?

a) A la diferencia entre el pulso radial y el pulso apical.
b) A un número de pulsaciones por minuto por debajo de lo normal.
c) A un número de pulsaciones por minuto incompatible con la vida.
d) A la imposibilidad de captar el pulso de forma manual.

2. ¿Cuál de los siguientes enunciados es correcto, en relación con la tensión arterial sistólica?

a) Se conoce como presión arterial mínima.
b) Corresponde con el momento de contracción auricular.
c) Corresponde con el momento de contracción ventricular.
d) En un adulto joven y sano oscila entre 70 y 80 mmHg.

3. En ausencia de patología, ¿que carácter tendría el espacio "ST" en un electrocardiograma?

a) Positivo.
b) Negativo.
c) Isoeléctrico.
d) Depende de la edad del sujeto.

4. En un electrocardiograma normal, ¿en qué localización anatómica se colocaría la derivación precordial conocida como V2?

a) Cuarto espacio intercostal paraesternal derecho.
b) Línea axilar anterior, a la misma altura que V4.

271

c) Quinto espacio intercostal, en línea media clavicular izquierda.
d) Cuarto espacio paraesternal izquierdo.

5. En un electrocardiograma normal, ¿en qué localización anatómica se colocaría la derivación precordial conocida como V4?

a) Quinto espacio intercostal, en línea media clavicular izquierda.
b) Cuarto espacio paraesternal izquierdo.
c) Cuarto espacio intercostal paraesternal derecho.
d) Línea axilar media, a la misma altura que V4.

6. ¿Cuál es el factor de riesgo cardiovascular más prevalente en España?

a) La dislipemia.
b) La HTA.
c) La diabetes.
d) El tabaquismo.

7. Señala la respuesta verdadera respecto a la HTA:

a) Solo la presión arterial sistólica tiene importancia clínica.
b) Solo la presión arterial diastólica tiene importancia clínica.
c) Solo en personas de >65 años es importante la presión arterial diastólica.
d) Tanto la presión arterial sistólica como diastólica son importantes clínicamente.

8. ¿Qué especialista es el ideal para hacer el diagnóstico de HTA, evaluación de su repercusión y seguimiento posterior?

a) El Cardiólogo.
b) El Nefrólogo.
c) El Internista.
d) El Médico de Familia.

9. ¿A partir de qué cifra se considera actualmente que un paciente sin otras patologías añadidas padece HTA?

a) 130/90 mmHg.
b) 130/80 mmHg.
c) 150/90 mmHg.
d) 140/90 mmHg.

10. ¿Cuál de las siguientes medidas no es adecuada para realizar una toma correcta de la tensión arterial?

a) Que el paciente se encuentre cómodo y relajado.
b) Haber tomado hace 30 minutos la medicación antihipertensiva.

c) Utilizar un manguito adecuado para el tamaño del brazo del paciente.
d) Realizar dos tomas con cinco minutos de diferencia.

11. ¿Qué es la pseudohipertensión arterial?

a) La obtención de cifras de tensión arterial más elevadas que las reales por la rigidez arterial.
b) La HTA que sólo ocurre delante de una bata blanca.
c) La HTA de los simuladores.
d) La HTA que sólo se objetiva en el ámbito laboral.

12. Si tomaras la tensión arterial mediante el método auscultatorio, ¿en qué fase de la clasificación de Korotkoff determinaría la presión arterial diastólica?

a) En la fase I.
b) En la fase II.
c) En la fase IV.
d) En la fase v.

13. ¿A partir de qué cifras de presión arterial sistólica se considera una HTA como de grado 3 o grave?

a) >150 mmHg.
b) >165 mmHg.
c) >180 mmHg.
d) >200 mmHg.

14. ¿Cuál de los siguientes criterios es falso a la hora de clasificar una HTA como resistente?

a) Estar al menos con tres fármacos antihipertensivos con independencia de los grupos farmacológicos.
b) Estar en tratamiento al menos tres meses.
c) Estar siendo tratado con al menos tres fármacos y uno de ellos un diurético.
d) Que el paciente sea buen cumplimentador.

15. ¿Cómo confirmarías o descartaría la HTA de bata blanca?

a) Tomándole al paciente la TA sin bata blanca.
b) Tomándosela el personal de Enfermería.
c) Mediante un holter-MAPA.
d) Es imposible de confirmar o descartar.

16. ¿En qué plazo temporal debemos descender la tensión arterial en una urgencia hipertensiva?

a) En <6 h.
b) En <12 h.

c) En <24 h.
d) En 24-48 h.

17. ¿Qué diferencia a una urgencia hipertensiva de una emergencia hipertensiva?

a) Las cifras de TA, en la emergencia son más altas.
b) La presencia de daño orgánico, presente en la emergencia y ausente en la urgencia.
c) La rapidez de instauración, más rápida en la emergencia.
d) Nada, son términos equiparables.

18. ¿Qué hecho le orientaría hacia una HTA de origen renovascular?

a) El empeoramiento de la función renal con el uso de IECA.
b) La presencia de cálculos renales.
c) La cifra de creatinina.
d) El dolor en fosa renal.

19. ¿Qué prueba no es necesaria en la evaluación de la repercusión orgánica de la HTA?

a) Un ECG.
b) Un fondo de ojo.
c) Una analítica con función renal.
d) Un TAC cerebral.

20. ¿Cuál de las siguientes no es una ventaja de la Monitorización Ambulatoria de la Presión Arterial (MAPA)?

a) Permitir la evaluación de la HTA durante el sueño.
b) Es barata y disponible para todos los pacientes.
c) Mayor reproducibilidad.
d) Mejor relación con el pronóstico que tomas aisladas.

En MADTEST tienes **más preguntas de este tema**, y todos tus avances quedan registrados y se reflejan en el ranking.

¡Supera tus límites con MADTEST!

Solución al test n.º 39

1. a) A la diferencia entre el pulso radial y el pulso apical.

2. c) Corresponde con el momento de contracción ventricular.

3. c) Isoeléctrico.

4. d) Cuarto espacio paraesternal izquierdo.

5. a) Quinto espacio intercostal, en línea media clavicular izquierda.

6. b) La HTA.

7. d) Tanto la presión arterial sistólica como diastólica son importantes clínicamente.

8. d) El Médico de Familia.

9. d) 140/90 mmHg.

10. b) Haber tomado hace 30 minutos la medicación antihipertensiva.

11. a) La obtención de cifras de tensión arterial más elevadas que las reales por la rigidez arterial.

12. c) En la fase IV.

13. c) >180 mmHg.

14. c) Estar siendo tratado con al menos tres fármacos y uno de ellos un diurético.

15. c) Mediante un holter-MAPA.

16. d) En 24-48 h.

17. b) La presencia de daño orgánico, presente en la emergencia y ausente en la urgencia.

18. a) El empeoramiento de la función renal con el uso de IECA.

19. d) Un TAC cerebral.

20. b) Es barata y disponible para todos los pacientes.

Valoración y cuidados de enfermería a personas con problemas hematológicos: anemias, síndromes hemorrágicos y trastornos de la coagulación. Procedimientos e intervenciones de enfermería

1. ¿Qué cantidad de leucocitos existe normalmente en la sangre?

a) 2300-4200/mm^3.
b) 4300-10000/mm^3.
c) 10500-15000/mm^3.
d) 15500-20000/mm^3.

2. ¿Cuál es la cifra normal de plaquetas?

a) 50000-145000/mm^3.
b) 150000-450000/mm^3.
c) 500000-650000/mm^3.
d) 700000-950000/mm^3.

3. Se considera que hay anemia cuando existe un descenso de la masa eritrocitaria habitual de una persona, lo que dificulta el aporte de oxígeno necesario a la célula. ¿Qué cifras de hemoglobina deben existir para que consideremos que un varón tiene anemia?

a) Inferior a 6 g/dl.
b) Inferior a 9 g/dl.
c) Inferior a 13 g/dl.
d) Inferior a 16 g/dl.

4. Se considera que hay anemia cuando existe un descenso de la masa eritrocitaria habitual de una persona, lo que dificulta el aporte de oxigeno necesario a la célula. ¿Qué cifras de hemoglobina deben existir para que consideremos que una mujer embarazada tiene anemia?

a) Inferior a 7 g/dl.
b) Inferior a 11 g/dl.

c) Inferior a 13 g/dl.
d) Inferior a 15 g/dl.

5. Las manifestaciones clínicas de la anemia dependen de su magnitud. ¿Cuál de los siguientes síntomas es el más frecuente?

a) Irritabilidad.
b) Astenia progresiva.
c) Calambres y claudicación intermitente.
d) Sensación vertiginosa y acúfenos.

6. ¿Qué nombre reciben las anemias que presentan elevación en el número de reticulocitos?

a) Anemias macrocíticas.
b) Anemias regenerativas.
c) Anemias hiporregenerativas.
d) Anemias microcíticas.

7. ¿Qué nombre reciben las anemias que presentan descenso en el número de reticulocitos?

a) Anemias microcíticas.
b) Anemias macrocíticas.
c) Anemias hiporregenerativas.
d) Anemias regenerativas.

8. ¿Cuál de los siguientes enunciados no corresponde con una anemia microcítica?

a) Ferropenia.
b) Megaloblástica.
c) Talasemia.
d) Sideroblástica.

9. La anemia ferropénica se debe a eritropoyesis deficiente por falta o disminución del hierro del organismo. ¿Cuál es la etiología más frecuente?

a) Pérdida crónica de pequeñas cantidades de sangre.
b) Disminución del aporte de hierro.
c) Aumento en las necesidades de hierro.
d) Disminución en la absorción de hierro.

10. En relación con las anemias asociadas a distintas enfermedades crónicas, señale cuál de los siguientes enunciados no representa a una de las causas que las pueden producir:

a) Bloqueo del hierro en el sistema reticuloendotelial.
b) Acortamiento de la vida media de los hematíes.
c) Aumento de los leucocitos neutrófilos.
d) Eritropoyesis disminuida por producción insuficiente de eritropoyetina.

11. ¿Qué tipo de anemias produce la deficiencia de vitamina B_{12}?

a) Anemias megaloblásticas.
b) Anemias microcíticas.
c) Anemias ferropénicas.
d) La falta de vitamina B_{12} no produce anemias.

12. ¿Cómo se denomina a las anemias hemolíticas cuya causa corresponde a un defecto propio del hematíe, como por ejemplo las hemólisis hereditarias?

a) De causa extracorpuscular.
b) De causa intracorpuscular.
c) De causa extravascular.
d) De causa intravasculares.

13. ¿En cuál de los siguientes enunciados se denomina la anemia hemolítica congénita más frecuente?

a) Anemia por enzimopatías o trastorno del metabolismo del hematíe.
b) Anemias inmunohemolíticas.
c) Anemia por Defectos de la hemoglobina.
d) Anemia por defectos de membrana del hematíe.

14. La ocupación de la médula ósea por cualquier proceso patológico distorsiona la arquitectura normal, produciendo la salida hacia la sangre periférica de células inmaduras (reacción leucoeritroblástica) y apareciendo los dacriocitos o células en lágrima. La causa más habitual son las micrometástasis de carcinoma en la médula ósea. ¿Cómo se denominan las anemias que se generan por este proceso?

a) Anemias hemolíticas congénitas.
b) Anemias ferropénicas.
c) Anemias mieloptísicas.
d) Anemias megaloblásticas.

15. El mecanismo fisiológico de la hemostasia consta de cuatro fases. ¿Cuál de ellas es conocida como hemostasia secundaria?

a) Vasoconstricción localizada en el área afecta.

b) Formación de un agregado o trombo de plaquetas sobre la superficie vascular lesionada.

c) Formación de fibrina que refuerza el trombo plaquetario.

d) Eliminación de los depósitos de fibrina o fibrinólisis.

16. ¿Qué es el parámetro denominado Ratio Normalizado Internacional (INR)?

a) Mide el tiempo de coagulación después de la activación de los factores de contacto, sin tromboplastina.

b) Es un sistema para evaluar la tendencia de coagulación de la sangre en pacientes que reciben terapia anticoagulante.

c) Tiempo de coagulación del plasma por acción de la trombina (exógena). Mide la actividad del fibrinógeno.

d) Mide el tiempo de coagulación en presencia de concentración óptima de extracto tisular (tromboplastina).

17. La causa más frecuente de trastorno hemorrágico es la trombocitopenia. ¿Cuánto debe disminuir el recuento de plaquetas para que se considere que existe una trombocitopenia?

a) Por debajo de 50.000 plaquetas/mm^3.

b) Por debajo de 75.000 plaquetas/mm^3.

c) Por debajo de 100.000 plaquetas/mm^3.

d) Por debajo de 150.000 plaquetas/mm^3.

18. ¿Cuál de los siguientes tipos de hemofilia se produce por deficiencia del factor de la coagulación IX y tiene carácter hereditario, recesivo ligado al cromosoma X?

a) Hemofilia A.

b) Hemofilia B.

c) Hemofilia C.

d) Hemofilia D.

19. Si por algún motivo se transfundiese a un paciente una bolsa errónea de sangre o concentrado de hematíes se produciría una reacción aguda, ya que los anticuerpos del plasma del receptor aglutinarían los hematíes del donante. ¿Cuál de los siguientes síntomas no sería propio de esta reacción?

a) Fiebre.

b) Dolor en el punto de punción.

c) Hipertensión.

d) Opresión torácica.

20. ¿Cuál de los siguientes enunciados no se corresponde con una reacción transfusional inmediata?

a) Fiebre.
b) Urticaria.
c) Púrpura postransfusional.
d) Anafilaxia.

En MADTEST tienes **más preguntas de este tema**, y todos tus avances quedan registrados y se reflejan en el ranking.

¡Supera tus límites con MADTEST!

Solución al test n.º 40

1. b) 4300-10000/mm^3.

2. b) 150000-450000/mm^3.

3. c) Inferior a 13 g/dl.

4. b) Inferior a 11 g/dl.

5. b) Astenia progresiva.

6. b) Anemias regenerativas.

7. c) Anemias hiporregenerativas.

8. b) Megaloblástica.

9. a) Pérdida crónica de pequeñas cantidades de sangre.

10. c) Aumento de los leucocitos neutrófilos.

11. a) Anemias megaloblásticas.

12. b) De causa intracorpuscular.

13. d) Anemia por defectos de membrana del hematíe.

14. c) Anemias mieloptísicas.

15. c) Formación de fibrina que refuerza el trombo plaquetario.

16. b) Es un sistema para evaluar la tendencia de coagulación de la sangre en pacientes que reciben terapia anticoagulante.

17. c) Por debajo de 100.000 plaquetas/mm^3.

18. b) Hemofilia B.

19. c) Hipertensión.

20. c) Púrpura postransfusional.

Valoración y cuidados de enfermería a personas con problemas en el sistema renal y urológico: insuficiencia renal aguda, incontinencia urinaria, infección urinaria, litiasis renoureteral y otros. Cateterismo vesical: concepto, indicaciones y contraindicaciones del sondaje vesical. Tratamiento sustitutivo de la función renal: diálisis peritoneal, hemodiálisis. Trasplante renal. Procedimientos e intervenciones de enfermería

1. ¿Qué incontinencia está relacionada con partos laboriosos o con histerectomía?

a) Incontinencia paradójica.
b) Incontinencia de esfuerzo.
c) Incontinencia funcional.
d) Incontinencia yatrogénica.

2. Se denomina inestabilidad vesical primaria a la incontinencia:

a) Funcional.
b) De tensión.
c) Por rebosamiento.
d) Síndrome de urgencia-incontinencia.

3. Es sinónimo de incontinencia urinaria por rebosamiento:

a) Incontinencia paradójica.
b) Incontinencia de esfuerzo.
c) Incontinencia funcional.
d) Incontinencia de estrés.

4. ¿Cómo se denomina la incontinencia que se manifiesta por el rebosamiento de la orina (gota a gota) por hiperpresión vesical a consecuencia de uropatía obstructiva inferior?

a) Incontinencia funcional.
b) Incontinencia de tensión.

c) Incontinencia por rebosamiento.
d) Síndrome de urgencia-incontinencia.

5. La incapacidad física o falta de ganas para acudir al cuarto de baño a tiempo se denomina incontinencia:

a) Funcional.
b) De tensión.
c) Por rebosamiento.
d) Total.

6. ¿Qué factor está relacionado con la incontinencia total?

a) Estados vesicales inflamatorios
b) Cirugía pélvica radical.
c) Lesión tisular por cistitis por radiación.
d) Neuropatía que impide la transmisión del reflejo vesical.

7. ¿Qué exploración es la encargada de la inspección de la zona perianal y de las mucosas genitales externas?

a) Examen rectal.
b) Exploración urinaria.
c) Exploración abdominal.
d) Exploración genitourinaria.

8. ¿Qué exploración es la encargada de la búsqueda de presencia de globo vesical?

a) Examen rectal.
b) Exploración genital.
c) Exploración abdominal.
d) Exploración genitourinaria.

9. ¿Qué prueba identifica la hiper o hipoactividad de la vejiga?

a) Citoscopia.
b) Cistouretrografia miccional.
c) Flujometría de orina.
d) Cistometría.

10. ¿Qué prueba identifica las lesiones estructurales de la vejiga y uretra?

a) Citoscopia.
b) Cistouretrografia miccional.

c) Perfil de presión cistouretral.
d) Cistometría.

11. ¿Qué pañales son elásticos?

a) Pañales Anatómicos.
b) Pañales Fisiológicos.
c) Pañales Rectangulares.
d) Bragas pañal.

12. ¿Qué talla poseerá un pañal con una medida de cintura de 70-125 cm?

a) Muy pequeña.
b) Pequeña.
c) Mediana.
d) Grande.

13. ¿Qué talla poseerá un pañal con una medida de cadera de 110-150 cm?

a) Muy pequeña.
b) Pequeña.
c) Mediana.
d) Grande.

14. ¿Qué pañales se recomiendan a un paciente ambulante con incontinencia severa?

a) Anatómicos (con o sin elástico) y de día.
b) Rectangulares o anatómicos y absorción ligera.
c) Rectangulares o anatómicos y de día.
d) Anatómicos (con o sin elástico) y de noche.

15. El aumento anormal de la concentración sanguínea en los productos de Desecho nitrogenados se denomina:

a) Azoemia.
b) Acreatinemia.
c) Lipasemia.
d) Uricemia.

16. El aumento anormal de la concentración sanguínea en los productos de desecho nitrogenados se denomina:

a) Azoemia.
b) Acreatinemia.

c) Lipasemia.
d) Uricemia.

17. ¿Cómo se denomina la segunda fase de una insuficiencia renal aguda?

a) Oligúrica.
b) Anúrica.
c) Diurética.
d) De recuperación.

18. ¿Qué sondas de estas no es de una vía?

a) Malecot.
b) Pezzet.
c) Foley.
d) Robinson.

19. Las sondas vesicales de lavado continuo son las sondas de:

a) Malecot.
b) Pezzet.
c) Foley.
d) Robinson.

20 Las sondas de Foley son:

a) Blandas.
b) Duras.
c) Rígidas.
d) Semirrígidas.

En MADTEST tienes **más preguntas de este tema**, y todos tus avances quedan registrados y se reflejan en el ranking.

¡Supera tus límites con MADTEST!

Solución al test n.º 41

1. b) Incontinencia de esfuerzo.

2. d) Síndrome de urgencia-incontinencia.

3. a) Incontinencia paradójica.

4. c) Incontinencia por rebosamiento.

5. a) Funcional.

6. d) Neuropatía que impide la transmisión del reflejo vesical.

7. d) Exploración genitourinaria.

8. c) Exploración abdominal.

9. d) Cistometría.

10. a) Citoscopia.

11. d) Bragas pañal.

12. c) Mediana.

13. d) Grande.

14. d) Anatómicos (con o sin elástico) y de noche.

15. a) Azoemia.

16. a) Azoemia.

17. c) Diurética.

18. c) Foley.

19. c) Foley.

20. a) Blandas.

TEST N.º 42

Valoración y cuidados de enfermería a personas con problemas endocrinológicos: diabetes y sus complicaciones, trastornos tiroideos y otros problemas. Procedimientos e intervenciones de enfermería

1. La prueba de Screening admitida para detectar la diabetes en la población general es:

a) El test de O´Sullivan.
b) Determinación de glucosa plasmática en ayunas.
c) Test de sobrecarga oral de glucosa (SOC).
d) Determinación de glucosa plasmática al azar.

2. Se considera dentro de la normalidad, cuando la hemoglobina glicada o glucosilada (HbA1C) está por debajo de:

a) 6.
b) 7.
c) 8.
d) 9.

3. Para valorar la reserva pancreática de un paciente diabético se realiza la prueba denominada:

a) Determinación de la hemoglobina glicada o glucosilada (HbA1C).
b) Determinación del Péptido C.
c) Perfil glucémico.
d) Wester Blood.

4. ¿Cuál es la sintomatología típica que presentan las personas que debutan con Diabetes mellitus del tipo I?

a) Polaquiuria, polifagia y disuria.
b) Antropofagia, anuria y polidipsia.

c) Signo de descompensación hiperosmolar (alucinaciones, nistagmo, obnubilación, etc.).

d) Polidipsia, polifagia y poliuria.

5. ¿Cuál de las siguientes situaciones patológicas es una complicación aguda de la Diabetes mellitus?

a) Descompensación hiperosmolar.
b) Nefropatía diabética.
c) Cetoacidosis diabética.
d) Las opciones a) y c) son correctas.

6. Si un paciente que está diagnosticado de Diabetes mellitus tipo I presenta un tipo de respiración denominada de Kussmaul pensaremos que estamos ante una complicación aguda denominada:

a) Descompensación hiperosmolar.
b) Cetoacidosis diabética.
c) Acidosis láctica.
d) Hipoglucemia.

7. Atendiendo a la gravedad, una hipoglucemia que se caracteriza por una necesidad de alimento es:

a) Una hipoglucemia asintomática.
b) Una hipoglucemia leve.
c) Una hipoglucemia moderada.
d) Una hipoglucemia grave.

8. La hiperglucemia reactiva a una hipoglucemia como resultado del incremento de las hormonas contrarreguladoras se denomina:

a) Fenómeno del alba.
b) Luna de miel.
c) Efecto somogy.
d) Ninguna es correcta.

9. Las principales causas de morbimortalidad en diabéticos son las enfermedades:

a) Respiratorias.
b) Metabólicas.
c) Cardiovasculares.
d) Neurológicas.

10. Entre las recomendaciones para prevenir el riesgo cardiovascular en el enfermo de diabetes, la glucemia basal deberá estar entre:

a) 130-180 mg/dl.
b) 120-160 mg/dl.
c) 110-140 mg/dl.
d) 70-130 mg/dl.

11. Entre las recomendaciones para prevenir el riesgo cardiovascular en el enfermo de diabetes, la HBA1c se mantiene:

a) Inferior a 10%.
b) Inferior a 9%.
c) Inferior a 8%.
d) Inferior a 7%.

12. La enfermedad ocular más frecuente y grave que aparece en el paciente diabético es:

a) La retinopatía.
b) Glaucoma crónico simple.
c) Catarata.
d) Neuritis óptica isquémica idiopática.

13. La principal causa de enfermedad renal en el mundo occidental es la denominada:

a) Pielonefritis diabética.
b) Insuficiencia renal aguda diabética.
c) Nefropatía diabética.
d) Neuropatía diabética.

14. La forma más frecuente de polineuropatía diabética es la denominada:

a) Mononeuritis diabética.
b) Amiotrofia diabética.
c) Polineuritis diabética.
d) Neuropatía por atrapamiento.

15. ¿Cuál de los siguientes microorganismos es más probable que sea responsable de la infección de una úlcera por pie diabético?

a) Pseudomona.
b) Neisseria.
c) Treponema pallidum.
d) Shigella.

16. El grado más avanzado de pie neurótico que constituye una forma severa de osteoartrosis con destrucción de diferentes articulaciones recibe el nombre de:

a) Artropatía de Semmes.
b) Artropatía de Weinstein.
c) Artropatía de Charcot.
d) Artropatía de Wagner.

17. Cuando llevamos a cabo la valoración de un pie diabético y utilizamos un monofilamento de Semmes-Weinstein estamos realizando:

a) La exploración de neuropatía sensitiva.
b) La exploración de neuropatía motora.
c) La exploración de angiopatía.
d) La exploración del estado de la piel.

18. Cuando llevamos a cabo la valoración de un pie diabético y procedemos a la palpación del pulso pedio y a la medición de la presión sistólica en el tobillo y el dedo estamos explorando:

a) La parte motora.
b) La parte sensitiva.
c) La presencia de angiopatía.
d) El estado de la piel.

19. Cuando sometemos a una herida de un pie de un diabético de larga duración a la clasificación de Wagner y vemos que presenta una gangrena localizada, ¿cuál sería el grado de afectación?

a) II.
b) III.
c) IV.
d) I.

20. ¿Cuál de los siguientes procedimientos es el mejor tratamiento de los pies diabéticos?

a) Desbridamiento quirúrgico.
b) Curas locales.
c) Tratamiento antibiótico de amplio espectro.
d) Prevención.

En MADTEST tienes **más preguntas de este tema**, y todos tus avances quedan registrados y se reflejan en el ranking.

¡Supera tus límites con MADTEST!

Solución al test n.º 42

1. b) Determinación de glucosa plasmática en ayunas.

2. a) 6.

3. b) Determinación del Péptido C.

4. d) Polidipsia, polifagia y poliuria.

5. d) Las opciones a) y c) son correctas.

6. b) Cetoacidosis diabética.

7. b) Una hipoglucemia leve.

8. c) Efecto somogy.

9. c) Cardiovasculares.

10. d) 70-130 mg/dl.

11. d) Inferior a 7%.

12. a) La retinopatía.

13. c) Nefropatía diabética.

14. c) Polineuritis diabética.

15. a) Pseudomona.

16. c) Artropatía de Charcot.

17. a) La exploración de neuropatía sensitiva.

18. c) La presencia de angiopatía.

19. c) IV.

20. d) Prevención.

TEST N.º 43

Valoración y cuidados de enfermería a personas con problemas en el sistema músculoesquelético: osteoporosis, tumores óseos, artrosis, artritis reumatoide, fracturas óseas, amputación, esguince, luxación y otros. Procedimientos de enfermería: vendajes, inmovilizaciones y otras intervenciones

1. ¿Cuál de los siguientes enunciados no es correcto en relación con la artritis reumatoide?

a) Es de etiología desconocida.
b) La prevalencia de esta enfermedad es del 5% de la población general.
c) Afecta a las mujeres en una proporción 3 a 1 respecto a los hombres.
d) Afecta predominantemente a las articulaciones periféricas.

2. ¿Cómo se denomina a la enfermedad crónica, sistémica, de etiología desconocida, que afecta predominantemente a las articulaciones periféricas produciendo una sinovitis inflamatoria con distribución simétrica, y se caracteriza por producir destrucción del cartílago con erosiones óseas y deformidades articulares en fases tardías?

a) Artritis séptica.
b) Artritis reumatoide.
c) Artritis reactiva.
d) Espondilitis anquilosante.

3. ¿Cuál de las siguientes manifestaciones clínicas extraarticulares no es propia de la artritis reumatoide?

a) Pericarditis.
b) Uretritis.
c) Queratoconjuntivitis.
d) Derrame pleural.

4. ¿Cuál de los siguientes enunciados no representa una intervención de enfermería adecuada en la artritis reumatoide?

a) Instruir al paciente sobre la necesidad de llevar a cabo ejercicios isométricos y contra resistencia.

b) Dormir en un colchón blando, poniendo una almohada bajo las rodillas.

c) Mitigar el estrés emocional con técnicas de relajación.

d) Controlar el dolor y reducir la inflamación, utilizando calor húmedo y/o compresas frías.

5. ¿Cómo se denomina a la enfermedad que se produce como resultado de los trastornos mecánicos que desestabilizan el normal acoplamiento entre la degradación y la síntesis de los condrocitos del cartílago articular, la matriz extracelular, y el hueso subcondral, y constituye la artropatía más frecuente en los países desarrollados?

a) Fibromialgia reumática.

b) Enfermedad de Paget.

c) Artrosis.

d) Osteoporosis.

6. ¿Cuál es el factor de riesgo que más influye en la aparición y progresión de la artrosis?

a) El sexo.

b) La obesidad.

c) La edad.

d) La raza.

7. ¿Cuál de los siguientes enunciados, referidos a la artrosis de la columna vertebral, no es correcto?

a) La clínica neurológica es más frecuente en la columna lumbar.

b) Puede aparecer dolor radicular por la compresión de las raíces nerviosas por osteofitos o por el prolapso.

c) Los síntomas más importantes son el dolor y la rigidez de la zona paravertebral afecta.

d) Afecta a los discos intervertebrales, al cuerpo vertebral y a las articulaciones interapofisiarias.

8. ¿En qué forma clínica de la artrosis es característico el engrosamiento progresivo del dorso de la articulación, formando los llamados "nódulos de Heberden"?

a) Artrosis de las articulaciones interfalángicas distales.

b) Artrosis de las interfalángicas proximales.

c) Artrosis del hombro, artrosis glenohumeral.
d) Artrosis metatarsofalángica.

9. ¿Cuál de los siguientes enunciados no corresponde con una de las líneas de tratamiento de la artrosis?

a) Administración de paracetamol.
b) Fisioterapia.
c) Tratamiento quirúrgico.
d) Administración de corticoides sistémicos.

10. ¿Qué enfermedad se caracteriza por la disminución generalizada de la masa ósea por unidad de volumen, lo que motiva un adelgazamiento de la parte más compacta y una reducción del número y tamaño de trabéculas óseas, siendo el hueso restante normal?

a) Osteomalacia.
b) Enfermedad de Paget.
c) Lupus eritematoso.
d) Osteoporosis.

11. ¿Cómo se denomina al tipo de fractura característica en niños, en la que un lado del hueso se rompe y el otro se dobla?

a) Oblicua.
b) Epifisiaria.
c) En tallo verde.
d) Segmentaria.

12. ¿Cómo se denomina al tipo de fractura que se produce por la tracción que ejerce un ligamento o tendón sobre el hueso afectado?

a) Fractura por arrancamiento.
b) Fractura impactada.
c) Fractura con avulsión.
d) Fractura con hundimiento.

13. ¿Cómo se denomina una fractura que ocurre en la línea de unión de la epífisis con la diáfisis, se acompaña de salida del hueso por la piel o mucosa a través de una herida de unos 2 cm y presenta un aspecto limpio?

a) Epifisiaria, incompleta.
b) Diafisiaria contaminada.
c) Epifisiaria, abierta de II grado.
d) Completa de III grado.

14. La curación de un hueso fracturado comprende cinco fases básicas. ¿Cuál es la secuencia de estas fases?

a) Formación del hematoma, proliferación celular, formación del callo, osificación y consolidación y remodelado.
b) Proliferación celular, formación del hematoma, formación del callo, consolidación y remodelado y osificación.
c) Formación del hematoma, formación del callo, osificación, proliferación celular, y consolidación y remodelado.
d) Formación del hematoma, formación del callo, consolidación y remodelado, osificación y proliferación celular.

15. ¿En qué fase del proceso de curación de un hueso fracturado se forma la malla de fibrina?

a) Proliferación celular.
b) Osificación.
c) Formación del hematoma.
d) Formación del callo.

16. De todas las complicaciones posibles de las fracturas óseas que enunciamos a continuación, señala cuál es una complicación tardía:

a) Síndrome compartimental.
b) Shock.
c) Osteonecrosis.
d) Embolia grasa.

17. Los esguinces son lesiones ligamentosas que se producen al ser forzadas las articulaciones más allá de sus posibilidades normales. ¿Qué tipo de esguince es aquel en el que se han roto, menos del 50% de las fibras y en el que la articulación sigue estable?

a) Grado I.
b) Grado II.
c) Grado III.
d) Grado IV.

18. ¿Cómo se denomina el tipo de vendaje que se utiliza habitualmente para vendar los miembros y en el que cada vuelta se superpone parcialmente a la anterior?

a) Vendaje en espiral.
b) Vendaje en vuelta circular.
c) Vendaje en ocho.
d) Vendaje en espiral invertida.

19. El campo de utilización del vendaje funcional es:

a) El deportivo, en los demás campos no es necesario realizarlos.
b) Se colocan vendajes funcionales en todos los esguinces de tobillo.
c) En problemas neurológicos nunca se colocan vendajes funcionales.
d) Todas las respuestas anteriores son falsas.

20. ¿Qué elemento es crucial para evitar la aparición de úlceras por presión en pacientes inmovilizados con yeso?

a) Aplicar vendajes apretados para mayor sujeción.
b) Usar materiales rígidos sin acolchado.
c) Proporcionar un acolchado adecuado y evitar arrugas en la venda.
d) No permitir la movilidad del paciente durante el tratamiento.

En MADTEST tienes **más preguntas de este tema**, y todos tus avances quedan registrados y se reflejan en el ranking.

¡Supera tus límites con MADTEST!

Solución al test n.º 43

1. b) La prevalencia de esta enfermedad es del 5% de la población general.

2. b) Artritis reumatoide.

3. b) Uretritis.

4. b) Dormir en un colchón blando, poniendo una almohada bajo las rodillas.

5. c) Artrosis.

6. c) La edad.

7. a) La clínica neurológica es más frecuente en la columna lumbar.

8. a) Artrosis de las articulaciones interfalángicas distales.

9. d) Administración de corticoides sistémicos.

10. d) Osteoporosis.

11. c) En tallo verde.

12. a) Fractura por arrancamiento.

13. c) Epifisiaria, abierta de II grado.

14. a) Formación del hematoma, proliferación celular, formación del callo, osificación y consolidación y remodelado.

15. c) Formación del hematoma.

16. c) Osteonecrosis.

17. b) Grado II.

18. a) Vendaje en espiral.

19. d) Todas las respuestas anteriores son falsas.

20. c) Proporcionar un acolchado adecuado y evitar arrugas en la venda.

Valoración y cuidados de enfermería a personas con problemas gastrointestinales: abdomen agudo, úlcera gastroduodenal, gastritis, obstrucción intestinal, cáncer colorrectal y otros. Procedimientos e intervenciones de enfermería: ostomías, sondaje nasogástrico y otras

1. ¿Cuál de las siguientes acciones es una función de la saliva?

a) Actúa como lubricante de los alimentos gracias a la presencia de moco.
b) Actúa iniciando la digestión (hidrólisis de los hidratos de carbono).
c) Actúa como un importante bactericida gracias a la presencia de lisozima.
d) Todas son correctas.

2. ¿Cuál de las siguientes enzimas podemos encontrar normalmente en la saliva?

a) Pepsinógeno.
b) Gastrina.
c) Amilasa.
d) Pepsina.

3. De los siguientes tipos de células, ¿cuáles son las encargadas de producir el denominado factor intrínseco de Castle?

a) Células parietales.
b) Células principales.
c) Células duodenales.
d) Células secundarias.

4. ¿Cuál de las siguientes características que podemos observar sobre la bilis es incorrecta?

a) La bilis es una secreción elaborada en el hígado.
b) Se almacena en las vesículas biliares.
c) La vesícula biliar libera la bilis por la acción de la prolactina y la colecistocinina.
d) Las sales biliares actúan como emulsionante de las grasas.

5. ¿Cuál de las siguientes características de los factores implicados en la formación de la úlcera péptica no es correcta?

a) Secreción de ácido y pepsina más importante en las úlceras gástricas.
b) H. Pylori está presente en el 100% de las úlceras duodenales y en el 10% de las gástricas.
c) Reflujo duodenogástrico más importante en las úlceras gástricas.
d) El tabaco es el principal factor de riesgo, aunque por mecanismo desconocido.

6. Un paciente al que sometemos a una gastrectomía presentará carencias vitamínicas por falta de:

a) Vitamina B1.
b) Vitamina C.
c) Vitamina B12.
d) Vitamina A.

7. Al inspeccionar las heces de un paciente diagnosticado de obstrucción biliar sin ninguna otra complicación podemos encontrar:

a) Unas heces negras.
b) Unas heces pálidas.
c) Unas heces blancas.
d) Unas heces verdes.

8. De los siguientes alimentos, ¿cuál no proporcionarías a una persona con estreñimiento?

a) Verduras.
b) Arroz.
c) Hortalizas.
d) Pan integral.

9. El tiempo recomendable para que el paciente retenga la solución irrigada en un enema de limpieza es:

a) 5 a 10 minutos.
b) 15 a 20 minutos.
c) 25 a 30 minutos.
d) Una hora.

10. Entre las contraindicaciones que podemos encontrar a la hora de hacer un lavado gástrico, ¿cual es incorrecta?

a) Si el tóxico ingerido es un cáustico.
b) Cuando el enfermo esté convulsionando o en coma.

c) En niños menores de 6 años.
d) Cuando la paciente esté embarazada.

11. Cuando al inspeccionar unas heces estas se presentan de un color negro, de consistencia pegajosa y con mal olor decimos que son:

a) Producto de una hematemesis.
b) Melenas.
c) Producto de una rectorragia.
d) Hematoquecia.

12. Cuando se presenta una hematemesis estamos ante un hemorragia digestiva, ¿a qué nivel la localizamos?

a) Hemorragia digestiva alta.
b) Hemorragia digestiva baja.
c) Por debajo del ligamento de Treitz.
d) Hemorragia digestiva media.

13. Ante un paciente con sospecha de apendicitis aguda, le comprimimos la fosa ilíaca izquierda y aparece dolor en la fosa ilíaca derecha. ¿Cómo se denomina este signo?

a) Signo de Murphy.
b) Signo de Rovsing.
c) Signo de Psoas.
d) Signo de Blumberg.

14. Si se sospecha que un paciente que acude a urgencias puede tener una cole-cistitis, ¿cuál de las siguientes maniobras de valoración diagnósticas emplearemos?

a) Signo de Murphy.
b) Signo de Rovsing.
c) Signo de Psoas.
d) Signo de Blumberg.

15. El dolor abdominal referido como permanente (aunque no necesariamente intenso) y que es el tipo de procesos que cursan con distensión e isquemia se cono-ce como tipo:

a) Cólico.
b) Urente.
c) Tónico.
d) Abrasivo.

16. La patología caracterizada por una obstrucción de los intestinos debido a una torsión de un asa intestinal alrededor de su mesenterio se denomina:

a) Enfermedad de Crohn.
b) Vólvulo.
c) Peritonitis.
d) Diverticulitis.

17. ¿Cuál de las siguientes patologías puede originar un cuadro de abdomen agudo?

a) Neumonía.
b) Aneurisma de aorta.
c) Pericarditis.
d) Todas pueden producir abdomen agudo.

18. ¿Cuál de los siguientes síntomas es el más característico de los cuadros de abdomen agudo?

a) Vómitos.
b) Diarreas.
c) Aumento del peristaltismo intestinal.
d) Dolor abdominal.

19. La velocidad de aparición del dolor en los cuadros de abdomen agudo:

a) Puede ayudar a hacer un primer diagnóstico.
b) Es un síntoma con relativa escasa importancia.
c) Es un indicador de la necesidad de analgesia.
d) Es un indicador inequívoco del origen quirúrgico del abdomen agudo.

20. La causa más frecuente de hemorragia digestiva alta es:

a) Tumores esofágicos.
b) Lesiones agudas de la mucosa gástrica.
c) Varices esofágicas.
d) Úlcera péptica.

En MADTEST tienes **más preguntas de este tema**, y todos tus avances quedan registrados y se reflejan en el ranking.

¡Supera tus límites con MADTEST!

Solución al test n.º 44

1. d) Todas son correctas.

2. c) Amilasa.

3. a) Células parietales.

4. c) La vesícula biliar libera la bilis por la acción de la prolactina y la colecistocinina.

5. a) Secreción de ácido y pepsina más importante en las úlceras gástricas.

6. c) Vitamina B12.

7. c) Unas heces blancas.

8. b) Arroz.

9. a) 5 a 10 minutos.

10. c) En niños menores de 6 años.

11. b) Melenas.

12. a) Hemorragia digestiva alta.

13. b) Signo de Rovsing.

14. a) Signo de Murphy.

15. c) Tónico.

16. b) Vólvulo.

17. d) Todas pueden producir abdomen agudo.

18. d) Dolor abdominal.

19. a) Puede ayudar a hacer un primer diagnóstico.

20. d) Úlcera péptica.

Valoración y cuidados de enfermería a personas con problemas de los órganos de los sentidos: principales problemas. Procedimientos e intervenciones de enfermería

1. El dolor de origen estrictamente otológico y debido a alteraciones patológicas de este órgano, se denomina:

a) Cofosis.
b) Otodinia.
c) Otorrea.
d) Ninguna de las respuestas anteriores es correcta.

2. La otorrea de líquido transparente, que resbala sobre la superficie de un cristal inclinado, se denomina:

a) Otorrea purulenta.
b) Otorrea mucosa.
c) Otolicuorrea.
d) Otorragia.

3. Ante una hipoacusia como único síntoma, la otoscopia puede poner de manifiesto la existencia de:

a) Retracción timpánica.
b) Cuerpo extraño.
c) Síndrome de Ménière.
d) Las respuestas a) y b) son correctas.

4. El prurito ótico persistente suele ir acompañado de:

a) Rosácea.
b) Psoriasis.
c) Dermatitis eccematosa.
d) Pitiriasis versicolor.

5. Respecto a la ototubaritis, señale la opción incorrecta:

a) Conlleva inflamación de la trompa de Eustaquio.
b) Se asocia a grandes cambios de presión.
c) El catarro con afectación de las vías respiratorias altas puede provocarla.
d) Se identifica con la presencia de ruidos en ausencia de estímulos externos.

6. Pseudomonas aeruginosa es el agente etiológico más común de:

a) Otitis externa maligna.
b) Forúnculo.
c) Otitis externa difusa.
d) Otitis necrosante.

7. Una masa expansiva de aspecto blanco nacarado, formada por escamas de queratina en disposición concéntrica rodeada de una matriz epitelial, se corresponde con:

a) Otitis media aguda.
b) Otitis media secretora.
c) Otitis externa.
d) Ninguna de las opciones anteriores es correcta.

8. La pérdida de audición media igual en todas las tonalidades, producida por una atrofia bilateral del estribo, es propia de:

a) Presbiacusia mecánica.
b) Presbiacusia nerviosa.
c) Presbiacusia metabólica.
d) Presbiacusia sensorial.

9. Un audiograma en el que las dos curvas se sitúan por debajo de la normalidad, con un grap que desaparece en las frecuencias agudas, cuya pérdida es mayor de 60 dB, se corresponde con:

a) Audición normal.
b) Hipoacusia de percepción.
c) Hipoacusia de transmisión.
d) Hipoacusia mixta.

10. La otitis externa maligna es:

a) Un carcinoma espinocelular sobreinfectado del oído externo.
b) Un carcinoma basocelular sobreinfectado del oído externo.
c) La enfermedad de Bowen sobreinfectada.
d) Un proceso infeccioso que aparece con mayor frecuencia en diabéticos.

11. La conjuntivitis provocada por *Staphilococcus aureus*, asociada a blefaritis y a queratitis marginal se corresponde con:

a) Conjuntivitis tóxica.
b) Conjuntivitis mecánica.
c) Conjuntivitis folicular.
d) Conjuntivitis crónica.

12. Los síntomas más habituales de la conjuntivitis incluyen:

a) Visión borrosa.
b) Sequedad ocular.
c) Picor.
d) Las respuestas a) y c) son correctas.

13. Respecto al manejo de la conjuntivitis, señale la actividad incorrecta:

a) Evitar los apósitos oculares, ya que facilitan el crecimiento bacteriano.
b) Irrigar el ojo para facilitar su limpieza.
c) No compartir ropas, toallas o almohadas.
d) Evitar el frotamiento del ojo para que no se extienda la infección.

14. El glaucoma secundario puede ser debido a:

a) Uveítis.
b) Corticoides.
c) Inflamación.
d) Todas las respuestas anteriores son correctas.

15. El tratamiento del glaucoma de ángulo estrecho no incluye:

a) Acetazolamida.
b) Manitol.
c) Antieméticos.
d) Pilocarpina.

16. Son factores de riesgo para el glaucoma de ángulo abierto:

a) Astigmatismo.
b) Hipermetropía.
c) Miopía.
d) Hipotensión arterial.

17. Respecto al glaucoma, señale la opción incorrecta:

a) El glaucoma de ángulo cerrado se considera una situación de emergencia.
b) El glaucoma es la primera causa de ceguera en los países desarrollados.

c) El glaucoma congénito requiere corrección quirúrgica.

d) El glaucoma de ángulo abierto se caracteriza por su lenta progresión.

18. Respecto a los síntomas de las cataratas, señale la opción incorrecta:

a) Doble visión en un solo ojo.

b) Aumento en la intensidad de los colores.

c) Entorpecimiento de la visión nocturna.

d) Visión nublada o borrosa.

19. En relación con el desprendimiento de retina, señale la opción incorrecta:

a) Sus síntomas incluyen las fotopsias y las miodesopsias.

b) La fotocoagulación previene su aparición en personas de riesgo.

c) El desprendimiento de retina generalmente requiere una causa subyacente.

d) En el postoperatorio, el paciente debe evitar los movimientos bruscos de cabeza.

20. La pérdida de la agudeza visual sin causa, que es más frecuente en niños con estrabismo o anisotropía, debida a la anulación cerebral del ojo de peor visión a fin de facilitarla y hacerla más confortable, se denomina:

a) Presbicia.

b) Astigmatismo.

c) Hipermetropía.

d) Ninguna de las opciones anteriores es correcta.

En MADTEST tienes **más preguntas de este tema**, y todos tus avances quedan registrados y se reflejan en el ranking.

¡Supera tus límites con MADTEST!

Solución al test n.º 45

1. b) Otodinia.

2. c) Otolicuorrea.

3. d) Las respuestas a) y b) son correctas.

4. c) Dermatitis eccematosa.

5. d) Se identifica con la presencia de ruidos en ausencia de estímulos externos.

6. c) Otitis externa difusa.

7. d) Ninguna de las opciones anteriores es correcta.

8. c) Presbiacusia metabólica.

9. d) Hipoacusia mixta.

10. d) Un proceso infeccioso que aparece con mayor frecuencia en diabéticos.

11. d) Conjuntivitis crónica.

12. d) Las respuestas a) y c) son correctas.

13. b) Irrigar el ojo para facilitar su limpieza.

14. d) Todas las respuestas anteriores son correctas.

15. c) Antieméticos.

16. c) Miopía.

17. b) El glaucoma es la primera causa de ceguera en los países desarrollados.

18. b) Aumento en la intensidad de los colores.

19. c) El desprendimiento de retina generalmente requiere una causa subyacente.

20. d) Ninguna de las opciones anteriores es correcta.

TEST N.º 46

Valoración y cuidados de enfermería a personas con problemas oncológicos: principales problemas. Métodos de tratamiento y sus cuidados: cirugía, radioterapia y quimioterapia. Medicamentos antineoplásicos: clasificación y efectos secundarios. Medicamentos coadyuvantes. Manipulación de medicamentos citostáticos. Manejo de reservorios y vías centrales

1. La quimioterapia administrada después de la intervención quirúrgica o de la radiación con la finalidad de disminuir la incidencia de metástasis, se denomina:

a) Quimioterapia paliativa.
b) Teleterapia.
c) Quimioterapia adyuvante.
d) Braquiterapia.

2. La radiación que se emite de forma externa para actuar sobre el tumor dentro del cuerpo del paciente, se denomina:

a) Radioquimioterapia concomitante.
b) Teleterapia.
c) Braquiterapia.
d) Ninguna de las opciones anteriores es correcta.

3. La taquicardia se corresponde con un nivel de ansiedad:

a) Leve.
b) Grave.
c) Moderado.
d) Fóbico.

4. La imposibilidad para la concentración y la distorsión de la realidad, se corresponde con:

a) Ansiedad grave.
b) Estado de pánico.
c) Ansiedad leve.
d) Ninguna de las respuestas anteriores es correcta.

5. Las reacciones emocionales que experimenta el equipo oncológico que atiende al paciente pueden ser debidas a:

a) Fracaso y frustración por ideas equivocadas en el quehacer profesional ideal.
b) El personal se convierte en un depósito de estrés por parte de los pacientes.
c) Se producen fenómenos de reactualización de la propia muerte.
d) Todas las respuestas anteriores son correctas.

6. Los efectos secundarios comunes a la mayoría de los citostáticos, no incluyen:

a) Alopecia.
b) Miocardiopatía.
c) Emesis.
d) Mielosupresión.

7. Los fármacos más emetógenos no incluyen:

a) Metotrexato.
b) Mostaza nitrogenada.
c) Cisplatino.
d) Actinomicina D.

8. La toxicidad renal es debida fundamentalmente a:

a) L-asparraginasa.
b) Ciclofosfamida.
c) Cisplatino.
d) 5-fluorouracilo.

9. La alopecia es producida fundamentalmente por:

a) Alcaloides vegetales.
b) Ifosfamida.
c) Ciclofosfamida.
d) Todas las respuestas anteriores son correctas.

10. La neurotoxicidad periférica es producida fundamentalmente por:

a) 5-fluorouracilo.
b) Texol.
c) Metotrexato.
d) Ifosfamida.

11. La principal indicación de la mecloretamina es el tratamiento de:

a) Sarcoma osteogénico.
b) Carcinoma de los islotes pancreáticos.
c) Enfermedad de Hodgkin.
d) Tumores del SNC.

12. Químicamente, la tioguanina se incluye en el grupo de:

a) Nitrosoureas.
b) Análogos de las purinas.
c) Antraciclina.
d) Ninguna de las opciones anteriores es correcta.

13. La ifosfamida se incluye en el grupo de:

a) Antimetabolitos.
b) Alcaloides de las plantas.
c) Antimetabolitos antitumorales.
d) Ninguna de las respuestas anteriores son correctas.

14. El etopósido se incluye en el grupo de:

a) Antibióticos antitumorales.
b) Alcaloides de las plantas.
c) Cisplatino y derivados.
d) Agentes alquilantes.

15. La mitomicina C está indicada fundamentalmente en:

a) Carcinoma gástrico.
b) Leucemia mieloide crónica.
c) Sarcoma de Kaposi.
d) Carcinoma microcítico de pulmón.

16. La dacarbacina tiene como principales indicaciones:

a) Melanoma maligno.
b) Cáncer de páncreas.
c) Cáncer colorrectal.
d) Cáncer de ovario.

17. Los antibióticos antitumorales incluyen:

a) Antracenodionas.
b) Alcaloides de la vinca.
c) Texanos.
d) Todas las respuestas anteriores son correctas.

18. El principal efecto secundario del clorambucilo es:

a) Disfunción cerebelosa.
b) Toxicidad pulmonar.
c) Mielosupresión.
d) Dolor pleurítico.

19. La suramina está indicada en:

a) Linfoma no Hodgkin.
b) Cáncer renal.
c) Cáncer colorrectal.
d) Las respuestas a) y b) son correctas.

20. Los efectos secundarios más característicos del irinotecan son:

a) Diarrea.
b) Retención hídrica.
c) Mucositis.
d) Ninguna de las opciones anteriores es correcta.

En MADTEST tienes **más preguntas de este tema**, y todos tus avances quedan registrados y se reflejan en el ranking.

¡Supera tus límites con MADTEST!

Solución al test n.º 46

1. c) Quimioterapia adyuvante.

2. b) Teleterapia.

3. c) Moderado.

4. b) Estado de pánico.

5. d) Todas las respuestas anteriores son correctas.

6. b) Miocardiopatía.

7. a) Metotrexato.

8. c) Cisplatino.

9. d) Todas las respuestas anteriores son correctas.

10. b) Texol.

11. c) Enfermedad de Hodgkin.

12. b) Análogos de las purinas.

13. d) Ninguna de las respuestas anteriores son correctas.

14. b) Alcaloides de las plantas.

15. a) Carcinoma gástrico.

16. a) Melanoma maligno.

17. a) Antracenodionas.

18. c) Mielosupresión.

19. d) Las respuestas a) y b) son correctas.

20. a) Diarrea.

Valoración y cuidados de enfermería del paciente quirúrgico: preoperatorio, intraoperatorio y posquirúrgico. Cirugía Menor en los Equipos de Atención Primaria. Procedimientos de enfermería: drenajes, curas y otras técnicas

1. De forma general podemos decir que los pacientes quirúrgicos deben permanecer en ayunas entre 8-10 horas antes de la cirugía; esto se debe a:

a) Se necesita mayor cantidad de anestesia en los pacientes que han ingerido algún tipo de alimentos.

b) La posibilidad de broncoaspiración durante la cirugía.

c) La necesidad de disminuir el metabolismo basal del paciente durante la cirugía.

d) La minimización de las complicaciones posteriores.

2. En los momentos anteriores al traslado a quirófano ha de prepararse la piel del paciente para su operación; el objetivo de esta preparación es:

a) Esterilizar la zona a tratar.

b) Eliminar la tensión del paciente.

c) Mejorar la vascularización de la zona que se va a operar.

d) Eliminar de la zona operatoria todos los microorganismos que sea posible.

3. El periodo intraoperatorio:

a) Se inicia con la llegada del paciente al quirófano y termina con la salida del mismo a la sala de recuperación postanestésica.

b) Es el periodo que dura la intervención quirúrgica.

c) Se inicia con la preparación del paciente para la operación y finaliza con el alta del mismo.

d) Ninguna es correcta.

4. El denominado bloque quirúrgico está funcional y físicamente diferenciado del resto del hospital, se compone de un conjunto de instalaciones acondicionadas y equipadas para poder realizar en ellas las intervenciones quirúrgicas, y debe estar localizado:

a) En la entrada del hospital para facilitar el acceso.
b) En una zona aislada y con poco tránsito aunque bien comunicada.
c) En una zona de paso bien comunicada con todo el hospital.
d) Todas son correctas.

5. La zona del quirófano donde se puede deambular con cualquier indumentaria se denomina:

a) Limpia.
b) Intercambio.
c) Estéril.
d) Ingreso.

6. El equipo que atiende al paciente durante el periodo operatorio puede dividirse en dos categorías básicas: miembros lavados estériles y miembros no estériles. ¿Cuál de los siguientes no es un miembro del equipo lavado estéril?

a) Cirujano.
b) Ayudantes del cirujano.
c) Enfermera instrumentista.
d) Anestesista.

7. La enfermera instrumentista debe poseer un conocimiento profundo de la técnica aséptica, habilidad manual y capacidad de trabajar en equipo y bajo presión. Entre sus actividades no se encuentra:

a) Preparar los aparatos y material estéril que se necesiten para la intervención.
b) Colaborar con el cirujano y ayudante durante la operación.
c) Ayudar a contar las agujas, hojas de bisturí, gasas e instrumentos utilizados durante la intervención, usando el procedimiento establecido de recuento.
d) Valorar, planificar, realizar y evaluar las actividades de enfermería para satisfacer las necesidades individuales de cada paciente.

8. La enfermera circulante de quirófano es la que desempeña un papel más general de cuidados respecto al paciente, al tener una visión global de sus necesidades. Entre sus funciones encontramos:

a) Recibir e informar al paciente de todos los pasos que se van a seguir antes y durante la intervención, ubicar al paciente. Con ello se pretende disminuir la ansiedad que existe en el enfermo.

b) Crear y mantener un medio seguro y cómodo para el paciente.
c) Proporcionar ayuda a cualquier miembro del equipo que lo requiera.
d) Todas son correctas.

9. Existen varios tipos de anestesia; entre ellos encontramos la anestesia general que es:

a) Un estado reversible de depresión del Sistema Nervioso Central, caracterizado por analgesia, hipnosis, relajación muscular y disminución del tono neurovegetativo.
b) Un estado irreversible de hipnosis y disminución del tono neurovegetativo.
c) Pérdida de sensación dolorosa en la zona que delimita la administración de la anestesia.
d) Ninguna es correcta.

10. La anestesia general se desarrolla en 4 fases, el momento de realizar la intubación orotraqueal es durante:

a) La premedicación.
b) La anestesia.
c) La inducción.
d) El despertar.

11. En la anestesia regional se pretende bloquear la transmisión nerviosa antes de que los impulsos alcancen el Sistema Nervioso Central. Podemos encontrar tres tipos de anestesia regional. El tipo que proporciona una anestesia en la zona de distribución del nervio se denomina:

a) Anestesia raquídea.
b) Anestesia epidural.
c) Bloqueo de nervios periféricos.
d) Anestesia general.

12. Existen multitud de agentes anestésicos que se suelen usar de forma habitual, ¿cuál de los siguientes agentes por vía inhalatoria debe administrarse con oxígeno por producir hipoxia?

a) Oxido nitroso.
b) Halotano.
c) Ciclopropano.
d) Enflurano.

13. Existen multitud de anestésicos usados con de forma habitual, ¿cuál de los siguientes no es un bloqueante neuromuscular?

a) Tiopental sódico.
b) Bresilato de atracurio.

c) Bromuro de veruconio.
d) Tubocuranina.

14. ¿Cuál de las siguientes amidas usadas como anestésico local presenta un efecto en 20 minutos que permanece entre 2 y 6 horas?

a) Procaína.
b) Bupivacaína.
c) Lidocaína.
d) Tetracaína.

15. La ansiedad en relación con la operación es uno de los principales diagnósticos de enfermería que va a encontrar la enfermera del bloque quirúrgico; para disminuir la ansiedad el primer objetivo será:

a) Establecer una relación significativa con el paciente.
b) Dar la información oportuna sobre el procedimiento.
c) Informar sobre dónde estará su familia.
d) Identificar de forma correcta al paciente y comprobar que todo está en orden.

16. Respecto al riesgo de infección relacionado con la intervención, el objetivo de enfermería será minimizar esta posibilidad; para ello deberemos seguir algunas reglas de asepsia, ¿cuál de las siguientes no es una de ellas?

a) Dentro del campo estéril debe usarse sólo material estéril. Si hay alguna duda sobre la esterilidad de un objeto se considera como no estéril.
b) Las mesas cubiertas con paños se consideran estériles en su totalidad y deberá seguir las normas establecidas.
c) Las superficies estériles deben contactar sólo con otras superficies estériles. Las personas lavadas deben mantenerse cerca del campo estéril y, si cambian de posición, deben girar cara a cara o espalda contra espalda.
d) Los extremos de un paquete o contenedor estéril se consideran no estériles (los límites de lo estéril no están siempre bien definidos).

17. El láser es un método muy usado en la cirugía actual y presenta múltiples funciones como cortar o coagular tejidos; los tejidos expuestos alrededor del campo operatorio se deben proteger con:

a) Plásticos especiales a este efecto.
b) Cremas adecuadas.
c) Toallas húmedas.
d) Ninguna es correcta.

18. El equipo formado por la enfermera, el cirujano y el anestesista decidirá la posición adecuada para la operación, teniendo en cuenta las características propias del paciente, la cirugía que se debe realizar y las necesidades del anestesista. De forma genérica, la anestesia se administra en posición de:

a) Decúbito supino.
b) Decúbito prono.
c) Trendelenburg.
d) Fowler.

19. Existen varias posiciones quirúrgicas; la posición en la que la cabeza y el cuerpo se bajan hasta colocarse a un nivel por debajo de las piernas y pies se denomina:

a) Decúbito prono.
b) Trendelenburg.
c) Morestin.
d) Lateral.

20. Dependiendo de las características del paciente y del tipo de cirugía que vayamos a realizar el paciente se colocará en una posición u otra; si vamos a llevar a cabo una cirugía renal lo normal es colocar al paciente en posición:

a) Morestin.
b) Lateral.
c) Decúbito supino.
d) Decúbito prono.

En MADTEST tienes **más preguntas de este tema**, y todos tus avances quedan registrados y se reflejan en el ranking.

¡Supera tus límites con MADTEST!

Solución al test n.º 47

1. b) La posibilidad de broncoaspiración durante la cirugía.

2. d) Eliminar de la zona operatoria todos los microorganismos que sea posible.

3. a) Se inicia con la llegada del paciente al quirófano y termina con la salida del mismo a la sala de recuperación postanestésica.

4. b) En una zona aislada y con poco tránsito aunque bien comunicada.

5. b) Intercambio.

6. d) Anestesista.

7. d) Valorar, planificar, realizar y evaluar las actividades de enfermería para satisfacer las necesidades individuales de cada paciente.

8. d) Todas son correctas.

9. a) Un estado reversible de depresión del Sistema Nervioso Central, caracterizado por analgesia, hipnosis, relajación muscular y disminución del tono neurovegetativo.

10. c) La inducción.

11. c) Bloqueo de nervios periféricos.

12. a) Oxido nitroso.

13. a) Tiopental sódico.

14. b) Bupivacaína.

15. a) Establecer una relación significativa con el paciente.

16. b) Las mesas cubiertas con paños se consideran estériles en su totalidad y deberá seguir las normas establecidas.

17. c) Toallas húmedas.

18. a) Decúbito supino.

19. b) Trendelenburg.

20. b) Lateral.

Valoración y cuidados de enfermería a personas con problemas en la piel. Valoración integral del deterioro de la integridad cutánea. Heridas, quemaduras y úlceras por presión

1. Según la naturaleza del agente agresor, una herida puede clasificarse como:

a) Herida contusa.
b) Herida abierta.
c) Herida intencionada.
d) Herida contaminada.

2. Las heridas pueden cicatrizar por:

a) Primera intención.
b) Segunda intención.
c) Tercera intención.
d) Todas son correctas.

3. La eventración es:

a) La salida de una víscera interna a través de una incisión.
b) Un sangrado causado por el desplazamiento del coágulo, de una infección, del deslizamiento de una sutura o de la erosión de un vaso sanguíneo.
c) La apertura de una herida abdominal.
d) Ninguna es correcta.

4. En la cicatrización de una herida influye:

a) Obesidad.
b) Tabaco.
c) Nutrición.
d) Todas son correctas.

5. Para valorar correctamente una herida se tendrá en cuenta:

a) Aspecto.
b) Presencia de inflamación.
c) Dolor producido.
d) Las tres son correctas.

6. Un factor intrínseco de riesgo de padecer úlceras por presión es:

a) Humedad.
b) Insuficiencia vasomotora.
c) Perfumes.
d) Todas son correctas.

7. ¿Qué no se valora en la Escala de Norton?

a) Exposición a la humedad.
b) Sensibilidad.
c) Movilidad.
d) Estado mental.

8. Si obtenemos una puntuación de 15 en la Escala de Braden el paciente tendrá un riesgo de padecer una úlcera por presión:

a) Alto.
b) Medio.
c) Bajo.
d) Ninguna es correcta.

9. La Escala EMINA fue desarrollada por:

a) Instituto Catalán de la Salud para el seguimiento de las úlceras por presión.
b) Barbara Braden y Nancy Bergstrom.
c) Norton, McLaren y Exton-Smith.
d) Ninguna es correcta.

10. Las SEMP se utilizan para:

a) Proporcionar una correcta nutrición al paciente con UPP.
b) El manejo de la presión en pacientes con UPP.
c) La movilización del paciente con UPP.
d) Los cambios posturales del paciente con UPP.

11. ¿Qué tipo de desbridamiento no está disponible en España?

a) Desbridamiento osmótico.
b) Desbridamiento mecánico.

c) Desbridamiento enzimático.
d) Terapia larval.

12. Se consigue mediante el intercambio de fluidos de distinta densidad, aplicando soluciones hiperosmolares o apósitos de poliacrilato activado con soluciones hiperosmolares:

 a) Desbridamiento osmótico.
b) Desbridamiento autolítico.
c) Desbridamiento quirúrgico.
d) Desbridamiento cortante.

13. ¿Cuál de los siguientes es el antibiótico recomendado por la Agencia Americana para el asesoramiento de las úlceras en caso de infección clínica?

a) Mupirocina.
b) Colagenasa.
c) Sulfadiazina argéntica.
d) Ninguna es correcta.

14. ¿Cuál de los siguientes es un procedimiento de elección y alta efectividad diagnóstica generalmente restringida a la atención especializada para la obtención de una muestra en UPP?

a) Aspiración percutánea.
b) Frotis mediante hisopo.
c) Biopsia tisular.
d) Ninguna es correcta.

15. Son lesiones que aparecen a causa de un déficit de riego sanguíneo y de procesos isquémicos crónicos, de entre los cuales la obstrucción arteriosclerótica es la más importante:

a) Úlceras por presión.
b) Úlceras arteriales.
c) Úlceras neoplásicas.
d) Todas son correctas.

16. ¿Cuál de las siguientes puntuaciones del Índice Tobillo-Brazo indicaría la existencia de una posible calcificación arterial?

a) 1,41.
b) 1.
c) 0,8.
d) 0,4.

17. Para la clasificación de la severidad de la insuficiencia arterial utilizaremos:

a) Índice Tobillo-Brazo.
b) Escala de Braden.
c) Escala EMINA.
d) Clasificación de Fontaine.

18. Según la clasificación de Wagner, un pie con una úlcera superficial que compromete todo el espesor de la piel pero no de tejidos subyacentes pertenecería al:

a) Grado 0.
b) Grado 1.
c) Grado 2.
d) Grado 3.

19. Una persona diabética con riesgo bajo de padecer pie diabético deberá recibir una exploración del pie cada:

a) Año.
b) Semestre.
c) 1-3 meses.
d) Ninguna es correcta.

20. Son quemaduras que dañan el estrato dérmico de forma parcial:

a) De primer grado.
b) De segundo grado superficial.
c) De tercer grado.
d) De cuarto grado.

En MADTEST tienes **más preguntas de este tema**, y todos tus avances quedan registrados y se reflejan en el ranking.

¡Supera tus límites con MADTEST!

Solución al test n.º 48

1. a) Herida contusa.

2. d) Todas son correctas.

3. a) La salida de una víscera interna a través de una incisión.

4. d) Todas son correctas.

5. d) Las tres son correctas.

6. b) Insuficiencia vasomotora.

7. a) Exposición a la humedad.

8. c) Bajo.

9. a) Instituto Catalán de la Salud para el seguimiento de las úlceras por presión.

10. b) El manejo de la presión en pacientes con UPP.

11. d) Terapia larval.

12. a) Desbridamiento osmótico.

13. c) Sulfadiazina argéntica.

14. c) Biopsia tisular.

15. b) Úlceras arteriales.

16. a) 1,41.

17. d) Clasificación de Fontaine.

18. b) Grado 1.

19. a) Año.

20. b) De segundo grado superficial.

Malos tratos: detección y prevención en el niño, adulto y anciano. Violencia de género. Atención sanitaria a la diversidad de género y sexualidad. Conceptos básicos. Desigualdades en el acceso de los servicios sanitarios. Perspectiva de género y salud

1. Señale la respuesta incorrecta respecto al maltrato físico:

a) A diferencia del maltrato físico, el castigo físico se define como el empleo de la fuerza física con intención de causar dolor, sin lesionar, con el propósito de corregir o controlar una conducta.

b) El maltrato físico puede ser tanto intencional como accidental.

c) Se define como maltrato físico a cualquier lesión física infringida al niño (hematomas, quemaduras, fracturas, u otras lesiones) mediante pinchazos, mordeduras, golpes, tirones de pelo, torceduras, quemaduras, puntapiés u otros medios con que se lastime el niño.

d) Se considera maltrato la aparición de cualquier lesión física que se produzca por el empleo de algún tipo de castigo inapropiado para la edad del niño.

2. ¿Cómo se denomina la forma de maltrato infantil en la que uno de los padres, generalmente la madre, simula la existencia o provoca síntomas o signos en el niño con el objeto de buscar asistencia médica y maniobras diagnósticas o terapéuticas costosas o de riesgo, provocando graves complicaciones e incluso la muerte?

a) Síndrome de Karent.

b) Síndrome de Munchausen por poderes.

c) Efecto punto de atención.

d) Síndrome madre cigüeña.

3. El acto sexual entre familiares de sangre, padre-hija, madre-hijo y/o entre hermanos, se denomina:

a) Pedofilia.

b) Incesto.

c) Estupro.

d) Violación.

4. ¿Qué nombre recibe la predilección o atracción sexual o erótica que experimenta un adulto hacia niños o adolescentes?

a) Pederastia.
b) Vejación.
c) Estupro.
d) Paidofilia.

5. Toda aquella acción que produce un daño mental o emocional en el niño, causándole perturbaciones de magnitud suficiente para afectar la dignidad, alterar su bienestar o incluso perjudicar su salud física y/o mental, se define como:

a) Maltrato emocional.
b) Maltrato físico.
c) Maltrato psíquico.
d) Abuso sentimental.

6. Señale cuál de las siguientes no es una de las características del comportamiento del niño maltratado:

a) Sufre un deterioro de facultades mentales, principalmente en el área cognitiva, autodevaluación y bajo rendimiento escolar.
b) Muestra actitudes agresivas, destructivas, rebeldes, hiperactividad o apatía, timidez, miedo, ansiedad, aislamiento, culpa, sentimiento de ser malo.
c) En adolescentes y adultos: atracción heterosexual, aumento de la libido y autosobrevaluación.
d) Miedo, ansiedad, culpa, desconfianza, enojo.

7. ¿Cuál de las siguientes es una de las características particulares de los agresores infantiles?

a) Son personas incapaces de controlar sus impulsos, se observan enojados, al más mínimo estímulo responden con agresión física.
b) Son individuos apáticos, desinteresados, ven al menor como una carga.
c) Estimulan o excitan sexualmente al menor usando revistas, películas o por exhibición.
d) Todas las respuestas son correctas.

8. ¿Cuál de los siguientes no es un signo en los padres e hijos que haga sospechar que hay un caso de maltrato infantil?

a) Miran siempre a la cara y tienen contacto físico con otras personas.
b) Consideran que la relación con su hijo es totalmente negativa.
c) Demuestran que casi nadie les cae bien.
d) Tienen una actitud recíproca de permanente tensión.

9. Habrá que considerar la posibilidad de abuso físico cuando los padres o tutores:

a) Frecuentemente se refieren a su hijo como "un demonio" o de alguna otra manera despectiva.

b) Ante una lesión o traumatismo evidente en el niño no brindan una explicación convincente o se enojan ante la pregunta de lo ocurrido.

c) Sus padres tienen antecedentes de haber sido niños maltratados o abandonados.

d) Todas las respuestas son correctas.

10. Ante la sospecha o evidencia de malos tratos, la actuación del personal de enfermería será:

a) Solicitar del juzgado la presencia de un médico forense que se ocupe de la parte asistencial.

b) Asegurar la protección de la víctima y comunicarlo a las autoridades.

c) En el caso de que un paciente víctima de malos tratos se muestre dispuesto a hablar sobre ello, debemos mostrar disponibilidad inmediata buscando un lugar tranquilo donde se pueda conversar con la víctima, preferentemente ante otras personas que servirán posteriormente como testigos.

d) Todas las respuestas son correctas.

11. ¿Qué aspecto fundamental se logra con la atención integral y centrada en la persona para las personas trans?

a) Coordinación entre diferentes especialidades.

b) Mejores tratamientos farmacológicos.

c) Disminución de la autoestima.

d) Aumento del estigma social.

12. ¿Cuál es una de las ventajas de integrar especialistas de distintos campos en el tratamiento de personas trans?

a) Menor necesidad de atención médica.

b) Mejor pronóstico y resultados de salud.

c) Incremento en la disforia de género.

d) Reducción de la diversidad.

13. ¿Qué beneficio se asocia con el apoyo psicológico y social para las personas trans?

a) Reducción del acceso a servicios.

b) Aumento del estrés emocional.

c) Mejor calidad de vida.

d) Dificultad en la adherencia al tratamiento.

14. La identidad de género se refiere a:

a) La expresión externa de una persona.
b) La percepción interna sobre su propio género.
c) Las características sexuales biológicas.
d) La orientación sexual.

15. Las personas no binarias se caracterizan por:

a) Identificarse exclusivamente como hombres.
b) Identificarse exclusivamente como mujeres.
c) No identificarse exclusivamente como hombre o mujer.
d) Tener una orientación sexual específica.

16. La expresión de género se refiere a:

a) La identidad de género interna de una persona.
b) Los roles sociales que se esperan de cada género.
c) Las características biológicas del sexo,
d) Cómo una persona manifiesta su género externamente.

17. ¿Qué se entiende por "roles de género"?

a) Las preferencias personales de cada individuo.
b) Expectativas sociales y culturales según el género.
c) Características biológicas del cuerpo humano.
d) La diversidad de identidades de género.

18. La asexualidad se define como:

a) La atracción hacia personas de cualquier género.
b) La falta de algún tipo de orientación sexual.
c) La atracción hacia personas del mismo género.
d) La atracción romántica sin componente sexual.

19. Una de las causas de las desigualdades en la atención sanitaria a personas LGBTI es:

a) La alta demanda de servicios de salud.
b) La falta de médicos especializados.
c) Normas sociales que priorizan la orientación heterosexual.
d) El aumento de la intersexualidad.

20. Según el informe de la Comisión Europea, las personas LGBTI tienen un riesgo más elevado de experimentar:

a) Malestar psicológico.
b) Problemas respiratorios.
c) Enfermedades cardíacas.
d) Obesidad.

Solución al test n.º 49

1. b) El maltrato físico puede ser tanto intencional como accidental.

2. b) Síndrome de Munchausen por poderes.

3. b) Incesto.

4. d) Paidofilia.

5. c) Maltrato psíquico.

6. c) En adolescentes y adultos: atracción heterosexual, aumento de la libido y autosobrevaluación.

7. d) Todas las respuestas son correctas.

8. a) Miran siempre a la cara y tienen contacto físico con otras personas.

9. d) Todas las respuestas son correctas.

10. b) Asegurar la protección de la víctima y comunicarlo a las autoridades.

11. a) Coordinación entre diferentes especialidades.

12. b) Mejor pronóstico y resultados de salud.

13. c) Mejor calidad de vida.

14. b) La percepción interna sobre su propio género.

15. c) No identificarse exclusivamente como hombre o mujer.

16. d) Cómo una persona manifiesta su género externamente.

17. b) Expectativas sociales y culturales según el género.

18. b) La falta de algún tipo de orientación sexual.

19. c) Normas sociales que priorizan la orientación heterosexual.

20. a) Malestar psicológico.

Salud laboral. Concepto. Condiciones físico-ambientales del trabajo. Accidente de riesgo biológico. Medidas de prevención. Ergonomía

1. En la iluminación artificial directa:

a) El 90-100 % del flujo de luz se dirige hacia abajo y el 0-10 % hacia arriba.
b) El 70-90 % del flujo de luz se dirige hacia abajo y el 10-30 % hacia arriba.
c) El 50-70 % del flujo de luz se dirige hacia abajo y el 30-50 % hacia arriba.
d) El 30-50 % del flujo de luz se dirige hacia abajo y el 50-70 % hacia arriba.

2. ¿Qué se define exactamente como los movimientos rápidos y ruidosos de intensidad variable?

a) Los sonidos.
b) Los ruidos.
c) Las vibraciones.
d) Nada es cierto.

3. ¿Qué radiación de estas es electromagnética?

a) Luz visible.
b) Radiación alfa.
c) Radiación beta.
d) Son todas electromagnéticas.

4. ¿Qué radiaciones electromagnéticas de estas consideras ionizante?

a) Radiaciones Y e infrarroja.
b) Radiaciones X y gamma.
c) Radiaciones alfa y beta.
d) Radiaciones alfa e infrarroja.

5. ¿Qué radiación de estas no tiene carga eléctrica (electromagnética)?

a) Radiación Alfa.
b) Radiación Gamma.
c) Radiación Beta (-).
d) Radiación Beta (+).

6. ¿Qué lesiones son las más frecuentes producidas en el aparato reproductor de los adultos por efecto de las radiaciones ionizantes?

a) Alteraciones de la fertilidad (infertilidad o esterilidad).
b) Alteraciones genéticas en caso de embarazo, por afectación de las células germinales de los cónyuges.
c) Alteraciones de las defensas orgánicas.
d) Alteraciones de la fertilidad (infertilidad o esterilidad) y alteraciones genéticas en caso de embarazo (por afectación de las células germinales de los cónyuges).

7. Las precauciones universales y estándar respecto a los riesgos relacionados con la exposición a agentes biológicos durante el trabajo tratan esencialmente de:

a) Mantener una actitud constante de autoprotección.
b) Aplicar el principio fundamental de que todas las muestras deben manipularse como si fueran infecciosas.
c) Tener hábitos de trabajo seguro.
d) Todo lo anterior es cierto.

8. ¿Cuántas dosis son las qué debe recibir el personal sanitario de vacuna de hepatitis B?

a) 1.
b) 2.
c) 3.
d) 4.

9. ¿Qué se define como la exposición que sufre un trabajador a sangre, tejidos o fluidos potencialmente infecciosos a través de una herida percutánea, contacto con mucosa o sobre piel no intacta?

a) Riesgo microbiológico.
b) Accidente de riesgo biológico.
c) Circunstancia bacteriológica.
d) Incidente biológico.

10. ¿Cuál de estas precauciones es universal respecto a los riesgos relacionados con la exposición a agentes biológicos durante el trabajo?

a) Vacunación (inmunización activa) y normas de higiene personal.
b) Elementos de protección de barrera y tener cuidado en la manipulación de objetos cortantes.
c) Esterilización y desinfección correcta de instrumentales y superficies.
d) Son todas las anteriores.

11. ¿Qué radiación se emplea más frecuentemente en esterilización?

a) Radiación ultravioleta.
b) Radiación X.
c) Radiación gamma.
d) Son ciertas las respuestas a) y b).

12. ¿Qué riesgo de contagio después de un accidente con riesgo biológico por pinchazo o corte se evalúa para el virus de la hepatitis C (según la NTP n.º 447, del INSHT)?

a) 30 %.
b) 3 %.
c) 0,3 %.
d) 0,03 %.

13. La mayoría de las seroconversiones en el personal de enfermería frente al VIH fueron:

a) Relacionadas con extracciones sanguíneas.
b) Producidas por pinchazos.
c) Estos riesgos no se dan en el personal de enfermería.
d) Relacionadas con extracciones sanguíneas y fueron producidas por pinchazos.

14. ¿Qué colectivo de riesgo se caracteriza por verse afectado a la exposición biológica todos los trabajadores del grupo según la Federal Register, del 6 de diciembre de 1991, de la OSHA de EEUU?

a) Primer grupo.
b) Segundo grupo.
c) Tercer grupo.
d) Cuarto grupo.

15. ¿Cuál es el primer principio esencial de expertos internacionales que constituyen el *Viral Hepatitis Prevention Board* (VHPB), necesario para cualquier programa destinado a prevenir la exposición a infecciones de transmisión hemática?

a) Mejorar los procedimientos de trabajo.
b) Aislar el material potencialmente infectado.
c) Identificar el riesgo.
d) Proteger a las personas.

16. Si hay peligro de salpicadura de sangre o de algún fluido biológico se utilizará:

a) Gafas protectoras y gorro.
b) Delantal o bata, calzas y papis.
c) Protector facial, o mascarilla.
d) Gafas protectoras, protector facial, o mascarilla y delantal o bata.

17. ¿Qué recomendación o conducta a seguir ante un accidente laboral con exposición a sangre y fluidos corporales contaminados es falsa?

a) Se debe limpiar la herida inmediatamente después del accidente.
b) Se debe determinar el estado inmunológico del sujeto accidentado frente a los virus: VHB, VHC y VIH.
c) Se debe comunicar todo accidente de forma inmediata al responsable de la planta de hospitalización (supervisor) y al Servicio de Medicina Preventiva del hospital.
d) No se debe quitar los guantes de manera inmediata después de producirse el contacto accidental con sangre u otros fluidos del paciente.

18. ¿Qué riesgo en particular es el más habitual en la manipulación de carga?

a) Afectación por osteoporosis.
b) Afectación por fracturas.
c) Afectación dorsolumbar.
d) Nada de lo anterior es cierto.

19. ¿Qué zona corporal es la más dañada por la manipulación de cargas?

a) Espalda (zona dorsolumbar).
b) Tórax.
c) Espalda (zona cervical).
d) Extremidades inferiores.

20. ¿Cuándo los objetos se consideran carga en relación con su peso?

a) Aquellos que sobrepasen más de 1 kg.
b) Aquellos que sobrepasen más de 3 kg.
c) Aquellos que sobrepasen más de 25 kg.
d) Aquellos que sobrepasen más de 40 kg.

En MADTEST tienes **más preguntas de este tema**, y todos tus
avances quedan registrados y se reflejan en el ranking.

¡Supera tus límites con MADTEST!

Solución al test n.º 50

1. a) El 90-100 % del flujo de luz se dirige hacia abajo y el 0-10 % hacia arriba.

2. c) Las vibraciones.

3. a) Luz visible.

4. b) Radiaciones X y gamma.

5. b) Radiación Gamma.

6. d) Alteraciones de la fertilidad (infertilidad o esterilidad) y alteraciones genéticas en caso de embarazo (por afectación de las células germinales de los cónyuges).

7. d) Todo lo anterior es cierto.

8. c) 3.

9. b) Accidente de riesgo biológico.

10. d) Son todas las anteriores.

11. c) Radiación gamma.

12. b) 3 %.

13. d) Relacionadas con extracciones sanguíneas y fueron producidas por pinchazos.

14. a) Primer grupo.

15. c) Identificar el riesgo.

16. d) Gafas protectoras, protector facial, o mascarilla y delantal o bata.

17. d) No se debe quitar los guantes de manera inmediata después de producirse el contacto accidental con sangre u otros fluidos del paciente.

18. c) Afectación dorsolumbar.

19. a) Espalda (zona dorsolumbar).

20. b) Aquellos que sobrepasen más de 3 kg.

Cómo acceder al Curso

Enfermero/a
Test del temario

El uso de los códigos **es exclusivo de los compradores de los productos de Editorial MAD**. Cada producto posee un código único y de un solo uso. Es personal e intransferible y da acceso a servicios y contenidos adicionales. Editorial MAD se reserva el derecho de hacer cuantas comprobaciones sean necesarias para identificar al legítimo poseedor del código y dejar de dar servicio a quien haga uso fraudulento del mismo, además de emprender cuantas acciones legales estime oportunas según la legislación vigente.

Deberás acceder a:

mad.es/registro-campus

Si una vez aceptadas las condiciones de uso del Campus decides hacer uso del mismo, necesitarás del siguiente código de acceso junto con los códigos del resto de títulos que se exigen (si fuera el caso):

GA9QPEKIV7